Andreas Hansert

DIE HABSBURGER

Geschichte einer Herrscherdynastie

IMHOF-Kulturgeschichte

Michael Imhof Verlag

Bildnachweis

Andreas Hansert, Frankfurt: 4, 5, 22, 38, 74; Michael Imhof Verlag (Michael Imhof): 10, 13 (Umschlag Rückseite), 15, 17, 21, 23, 29, 37, 41, 42, 49, 53, 56, 59, 61, 66, 71, 77, 81, 89, 99; akg-images, Berlin: 35 (Umschlag r. o.), 85, 98; Wikipedia: 9, 20, 26, 48, 54, 63–65, 67, 70, 73, 87 (Umschlag r. u.), 91, 96, 100, 101, 105, 107 (Umschlag links), 111, 113, 114, 124

Leider war es trotz intensiver Recherche nicht in allen Fällen möglich, die Inhaber der Urheberrechte eindeutig zu ermitteln. Ansprüche werden selbstverständlich im Rahmen der üblichen Vereinbarungen abgegolten.

Andreas Hansert: Die Habsburger. Geschichte einer Herrscherdynastie,
      Petersberg 2009

© 2009 Michael Imhof Verlag GmbH & Co. KG
   Stettiner Straße 25, D-36100 Petersberg
   Tel. 049(0)661/9628286; Fax 049(0)661/63686
   www.imhof-verlag.de

Gestaltung und Reproduktion: Michael Imhof Verlag
Druck: Fuldaer Verlagsanstalt, Fulda

Printed in EU

ISBN 978-3-86568-158-4

INHALT

Stammtafel 4

Einleitung 6

1. Die Herkunft der Habsburger 9

2. Die ersten Könige aus dem Hause Habsburg
   und der Beginn der Herrschaft in Österreich 1282 13

3. 1452: Die Habsburger werden Kaiser 27

4. Maximilian I. und die europäische Expansion
   der Habsburger 34

5. Die Kaiserbrüder Karl V. und Ferdinand I. –
   Höhe- und Wendepunkt der Habsburger Macht 41

6. Die Vormacht Spaniens 51

7. Rudolf II. und Matthias – Bruderzwist am Vorabend des
   Dreißigjährigen Krieges 55

8. Die Habsburger im Dreissigjährigen Krieg 61

9. Unter dem Damoklesschwert des Aussterbens –
   Das Ende der Habsburger Mannesstämme 1700 und 1740 69

10. Aufschwung und Reform Österreichs unter
    Maria Theresia und Joseph II. 83

11. Niedergang und Übergang – Altes und neues Habsburger
    Kaisertum im Zeitalter Napoleons 95

12. Österreich unter Kaiser Franz Joseph 1848–1916 106

13. Der Erste Weltkrieg – Habsburgs Untergang in der
    Urkatastrophe der Moderne 118

Epilog 122

Stammtafel

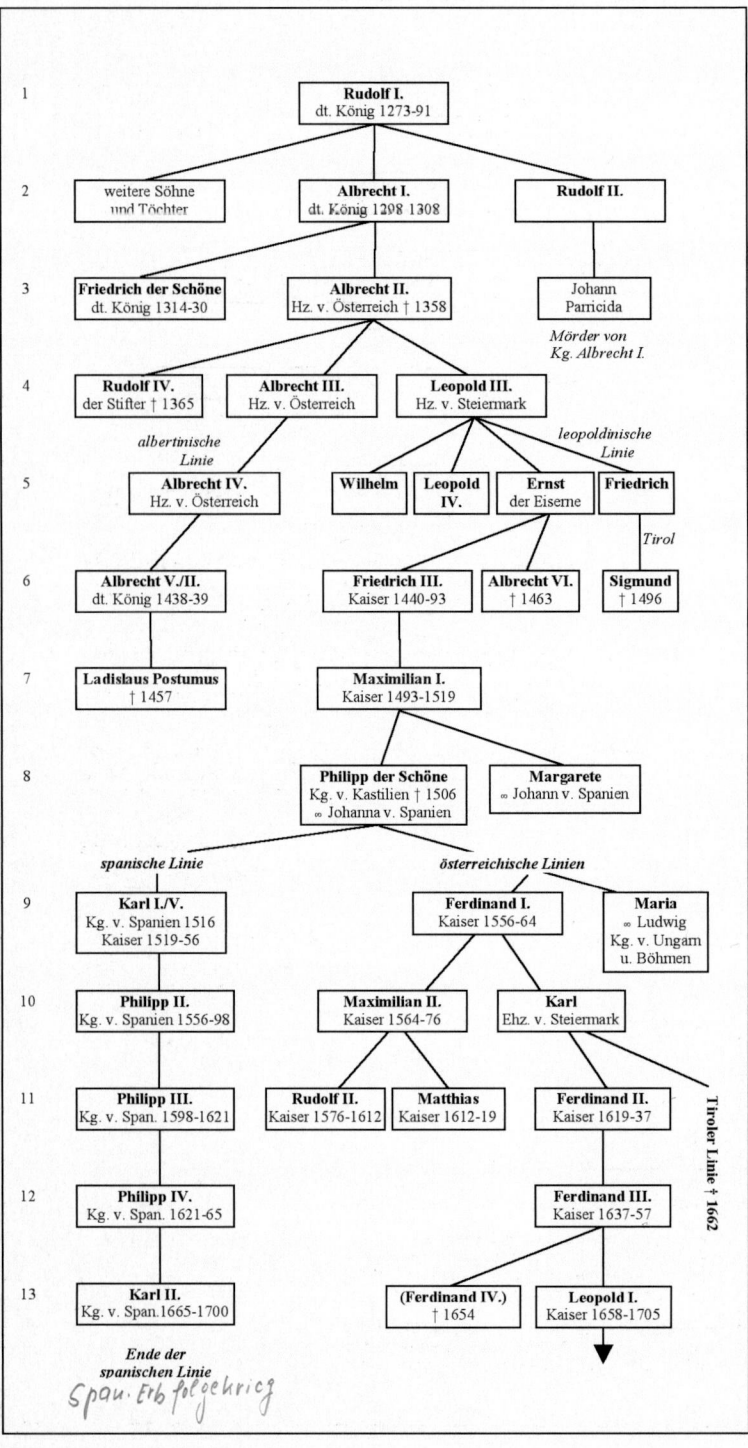

1 — Rudolf I. / dt. König 1273-91

2 — weitere Söhne und Töchter | Albrecht I. / dt. König 1298 1308 | Rudolf II.

3 — Friedrich der Schöne / dt. König 1314-30 | Albrecht II. / Hz. v. Österreich † 1358 | Johann Parricida

Mörder von Kg. Albrecht I.

4 — Rudolf IV. / der Stifter † 1365 | Albrecht III. / Hz. v. Österreich | Leopold III. / Hz. v. Steiermark

leopoldinische Linie

albertinische Linie

5 — Albrecht IV. / Hz. v. Österreich | Wilhelm | Leopold IV. | Ernst der Eiserne | Friedrich

Tirol

6 — Albrecht V./II. / dt. König 1438-39 | Friedrich III. / Kaiser 1440-93 | Albrecht VI. / † 1463 | Sigmund / † 1496

7 — Ladislaus Postumus / † 1457 | Maximilian I. / Kaiser 1493-1519

8 — Philipp der Schöne / Kg. v. Kastilien † 1506 / ∞ Johanna v. Spanien | Margarete / ∞ Johann v. Spanien

spanische Linie | *österreichische Linien*

9 — Karl I./V. / Kg. v. Spanien 1516 / Kaiser 1519-56 | Ferdinand I. / Kaiser 1556-64 | Maria / ∞ Ludwig / Kg. v. Ungarn u. Böhmen

10 — Philipp II. / Kg. v. Spanien 1556-98 | Maximilian II. / Kaiser 1564-76 | Karl / Ehz. v. Steiermark

11 — Philipp III. / Kg. v. Span. 1598-1621 | Rudolf II. / Kaiser 1576-1612 | Matthias / Kaiser 1612-19 | Ferdinand II. / Kaiser 1619-37

Tiroler Linie † 1662

12 — Philipp IV. / Kg. v. Span. 1621-65 | Ferdinand III. / Kaiser 1637-57

13 — Karl II. / Kg. v. Span.1665-1700 | (Ferdinand IV.) / † 1654 | Leopold I. / Kaiser 1658-1705

Ende der spanischen Linie

Span. Erbfolgekrieg

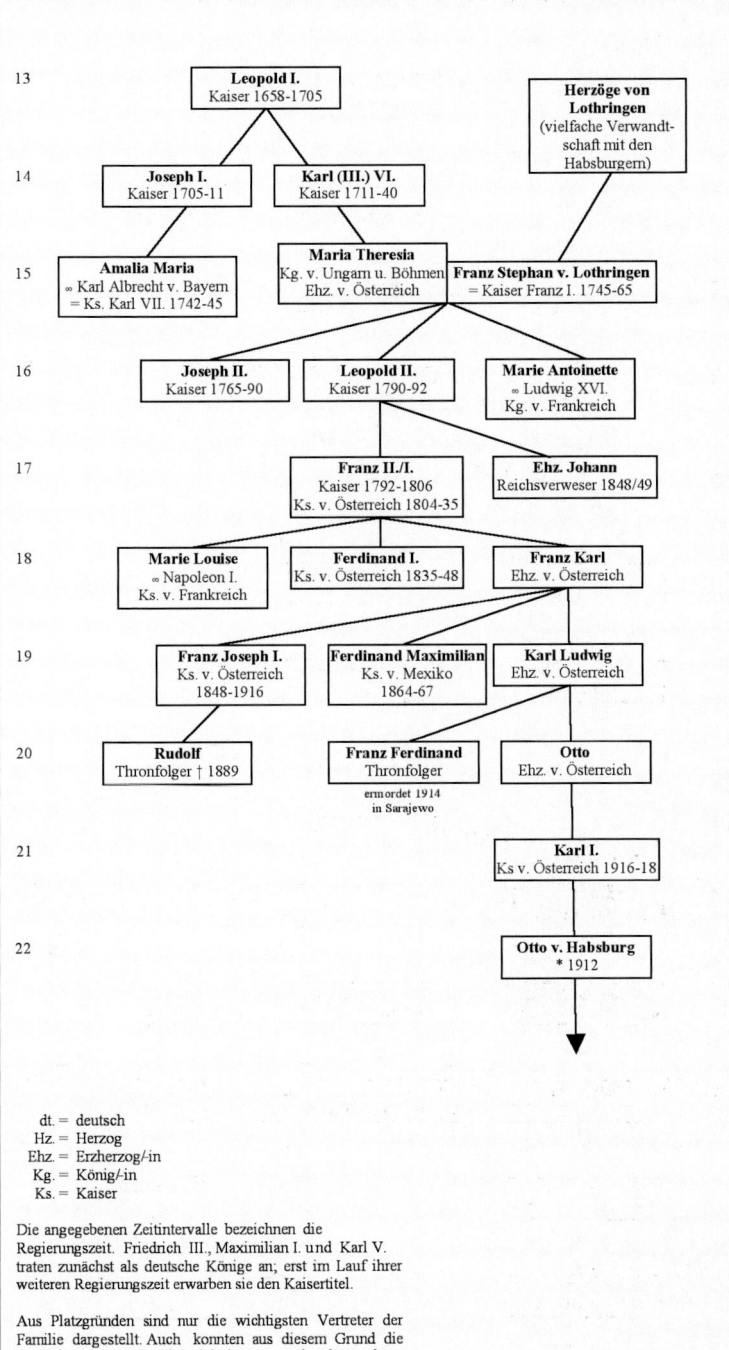

13 Leopold I.
Kaiser 1658-1705

Herzöge von Lothringen
(vielfache Verwandtschaft mit den Habsburgern)

14 Joseph I.
Kaiser 1705-11

Karl (III.) VI.
Kaiser 1711-40

15 Amalia Maria
∞ Karl Albrecht v. Bayern
= Ks. Karl VII. 1742-45

Maria Theresia
Kg. v. Ungarn u. Böhmen
Ehz. v. Österreich

Franz Stephan v. Lothringen
= Kaiser Franz I. 1745-65

16 Joseph II.
Kaiser 1765-90

Leopold II.
Kaiser 1790-92

Marie Antoinette
∞ Ludwig XVI.
Kg. v. Frankreich

17 Franz II./I.
Kaiser 1792-1806
Ks. v. Österreich 1804-35

Ehz. Johann
Reichsverweser 1848/49

18 Marie Louise
∞ Napoleon I.
Ks. v. Frankreich

Ferdinand I.
Ks. v. Österreich 1835-48

Franz Karl
Ehz. v. Österreich

19 Franz Joseph I.
Ks. v. Österreich
1848-1916

Ferdinand Maximilian
Ks. v. Mexiko
1864-67

Karl Ludwig
Ehz. v. Österreich

20 Rudolf
Thronfolger † 1889

Franz Ferdinand
Thronfolger
ermordet 1914
in Sarajewo

Otto
Ehz. v. Österreich

21 Karl I.
Ks v. Österreich 1916-18

22 Otto v. Habsburg
* 1912

dt. = deutsch
Hz. = Herzog
Ehz. = Erzherzog/-in
Kg. = König/-in
Ks. = Kaiser

Die angegebenen Zeitintervalle bezeichnen die Regierungszeit. Friedrich III., Maximilian I. und Karl V. traten zunächst als deutsche Könige an; erst im Lauf ihrer weiteren Regierungszeit erwarben sie den Kaisertitel.

Aus Platzgründen sind nur die wichtigsten Vertreter der Familie dargestellt. Auch konnten aus diesem Grund die Bezeichnungen Hz. u. Ehz. nicht immer angebracht werden.

EINLEITUNG

Die Habsburger waren eine der erfolgreichsten Dynastien der Weltgeschichte – in Europa seit den Karolingern zweifellos die erfolgreichste überhaupt. Ausgegangen von Besitzungen im alemannischen Südwesten des alten Deutschen Reiches, traten sie mit der Wahl Rudolfs I. 1273 zum deutschen König in den Stand der Fürsten ein. Seit 1282 durch Belehnung in Österreich ansässig geworden, konnten sie diesen Stand bis zum Ende aller Monarchien in Mitteleuropa 1918 behaupten: über 636 Jahre hinweg. Dass dies gelang, hatten sie nicht zuletzt einer Frau – Maria Theresia – zu verdanken, die es vermochte, die Herrschaft der Habsburger auch dann noch zu behaupten, als die Familie mit dem Tod ihres Vaters Kaiser Karl VI. 1740 im Mannesstamm ausgestorben war. Die Wittelsbacher, die Hohenzollern und andere brachten es immerhin auf eine ähnlich lange Dauer der Herrschaft in ihren Landen – dies sogar durchgängig im Mannesstamm, dessen mehr oder weniger strenge Vorherrschaft ein unverzichtbares Organisationsprinzip der dynastischen Regierungsweise war. Nimmt man jedoch die Position des Oberhaupts im Alten Reich, die des Königs respektive des Kaisers, die nicht durch Erbe, sondern durch Wahl im kurfürstlichen Kolleg zu erlangen war, so kann es kein Herrschergeschlecht mit den Habsburgern aufnehmen. Die Ottonen, Salier und Staufer brachten es hier auf jeweils hundert Jahre, die Wittelsbacher und Luxemburger auf noch

geringere Zeiten, von andern, wie den Welfen, denen nur ein kurzes Zwischenspiel gegönnt war, ganz zu schweigen. Die Habsburger jedoch saßen insgesamt für mehr als vier Jahrhunderte auf dem Königs- bzw. Kaiserthron des Reiches – nach 1804 waren sie noch einmal für mehr als hundert Jahre Kaiser nur von Österreich.

Doch vor allem die territoriale Spannweite ihrer Herrschaft macht die Habsburger einzigartig. Auch wenn ihr Ursprung in deutschen Gebieten, danach in Österreich liegt, wo ihre Herrschaft nach mehr als einem halben Jahrtausend auch ihr Ende fand, waren sie auf dem Höhepunkt ihrer Macht im 16. Jahrhundert keine nationale Dynastie mehr. Das Geschick, mehr aber noch das Glück ihrer Heirats- und Familienpolitik hatte ihnen zu kontinentaler Verbreitung verholfen. Nun waren sie universal auf Europa ausgerichtet und dachten in europäischen Kategorien. In der zweiten Hälfte des 16. Jahrhunderts erreichte ihre Herrschaft die größte Ausdehnung. Sie regierten über Österreich, Böhmen, Ungarn, die Niederlande, Spanien, Portugal, die Königreiche Süditaliens, die großen Kolonialgebiete in Süd- und Mittelamerika sowie über zahlreiche kleine Territorien, darunter Reste ihres alten Hausbesitzes im deutschen Südwesten oder Stützpunkte an der nordafrikanischen Küste. Es war das Reich, „in dem die Sonne nicht untergeht". Hinzu kommen die zentrale Bedeutung der Kaiserkrone, die die Habsburger zu diesem Zeitpunkt fest in ihrem Besitz hatten, und damit die Oberherrschaft über das Deutsche Reich, die sich allerdings intern gegenüber der Macht der lokalen Fürsten des Reiches nicht bestimmend durchsetzen konnte. Manche dieser Herrschaften, wie etwa die in Portugal von 1580–1640, blieben Episode. Das machtvolle geopolitische Dreieck, das Österreich, Spanien und die Niederlande bildeten und von dem Frankreich sich bedrohlich umklammert sah, blieb so jedoch über zwei Jahrhunderte zu Beginn der frühen Neuzeit bestehen und dominierte das politische Geschehen des Kontinents. Doch so sehr diese nicht zusammenhängenden Landmassen durch das Band der Dynastie integriert wurden, einen Nationalstaat konnten sie naturgemäß nicht bilden. Die Realunion war rein geographisch nicht möglich, die lange Stabilität der Personalunion dafür umso erstaunlicher. Die Eigenlogik der Geschichte dieser einzelnen Gebietsteile blieb mächtig und sollte die Zeit, in denen die Habsburger über sie herrschten, überdauern und später in die Epoche eigenständiger moderner Nationalstaatsbildung münden. Die Habsburger selbst aber waren dank der Aufgaben, die sich ihnen angesichts einer solch komplexen weitgespannten Territorialkonstruktion stellten, supranational ausgerichtet: Karl V. empfand sich gemäß seiner Geburtsstadt Gent als Burgunder, wurde dann aber spanischer König und wenige Jahre später schließlich deutscher Kaiser; zu Österreich hatte er wenig Beziehung; viel mehr operierte er kriegerisch hingegen in Italien und im Mittelmeerraum; am Ende zog er sich nach Spanien zurück, wo er nach seinem Rücktritt seine Tage ruhig beschloss und bestattet ist. Sein Bruder Ferdinand wiederum war in Spanien geboren und hatte dort seine Kindheit verbracht, verließ das Land aber für immer als er nach Österreich geschickt wurde, wo er durch Heirat Ungarn und Böhmen für die Habsburger gewann, um am Ende noch seinen Bruder im Amt des deutschen Kaisers zu beerben. Solche Herrscherfiguren waren keine Vertreter einer bestimmten Nation, was sich bei den französischen Königen ganz anders verhielt. Und doch haben sie die Länder, über die sie herrschten, entscheidend geprägt. Besonders in der Epoche der von Luther losgetretenen Glaubensspaltung hing die Entwicklung der europäischen Territorien für lange Zeit am Schicksal ihrer Herrscherdynastien. Sie bestimmten für lange Zeit die Konfession ihrer Untertanen und damit den kulturellen und habituellen Charakter der Landschaft. Die Habsburger waren die Vormacht des römischen Glaubens und der Gegenreformation, während Europa sich in weiten Teilen den protestantischen Konfessionen zuwandte. Auch innerhalb der Habsburger Gebiete – in Österreich, in Böhmen und in den Niederlanden – gab es starke protestantische Bestrebungen, ja sogar innerhalb der Herrscherfamilie selbst: Kaiser Maximilian II. (reg. 1564–1576) hatte entsprechende Vorlieben, sah sich mit Rücksicht auf die kirchlich-römische Bindung des Kaiseramtes und dank subtiler Pressionen seines mächtigen Vetters in Spanien, König Philipp II. aber zur Mäßigung veranlasst. Die europäische Geschichte wäre zweifellos anders verlaufen, wären die Habsburger wie andere Dynastien auch nur in Teilen zum Protestantismus übergegangen.

Der internationale oder übernationale Charakter der Habsburgerherrschaft blieb auch noch in ihrer Spätphase vorhanden, als die spanische Linie längst ausgestorben und auch die südlichen Niederlande (Belgien) selbständig geworden waren. Die Donaumonarchie, seit 1867 als k. u. k. Monarchie – Kaiser von Österreich, König von Ungarn –, war einer der großen Ordnungsfaktoren im Völkergemisch Südosteuropas. Das deutschsprachige Österreich, von dem die Habsburger ausgegangen waren, repräsentierte darin nur eine (wenn auch die größte) Minderheit von vielen: weniger als ein Viertel der gesamten Bevölkerung der Donaumonarchie, deren Gebiet größer als das heutige Frankreich war, sprach deutsch. Darüber hinaus lebten unter ihrem Dach Ungarn, Tschechen, Polen, Serben und Kroaten, Ruthenen (Ukrainer), Rumänen, Slowaken, Slowenen, Italiener und andere. An Nationalitätenkonflikten auf dem Balkan entzündete sich der Erste Weltkrieg, der das Ende der Habsburgerdynastie wie das aller anderen Monarchien in Deutschland einläutete.

In 21 Generationen war die Familie an diesem weiten Gang durch die Geschichte vom Mittelalter bis in die Moderne, von den Grafschaften im Alemannischen bis zu den Grenzen des Kontinents und den Weiten in Übersee beteiligt.

1. DIE HERKUNFT DER HABSBURGER

Der Eintritt der Habsburger in die deutsche und österreichische, später auch in die europäische Geschichte wird durch zwei wichtige Daten markiert: das ist zum einen die Wahl Rudolfs I. von Habsburg zum deutschen König 1273, zum anderen die nur neun Jahre später (1282) erfolgte Belehnung seiner Söhne mit Österreich. Diese Jahreszahlen, insbesondere die Königswahl, sind die entscheidenden Wendepunkte in der Gründungsgeschichte der habsburgischen Dynastie.

Ihre familiären Wurzeln reichen jedoch weit vor die Wahl Rudolfs zurück. Zuvor waren sie ein regional bedeutsames Adelsgeschlecht in den südwestlichen Gebieten des Reichs, dessen älteste Wurzeln wohl im Elsass liegen. In der Hierarchie des mittelalterlichen Feudalwesens bekleideten

Die Habsburg im schweizerischen Aargau, auf der die Habsburger im 12. Jahrhundert lebten und von der sie ihren Namen bezogen

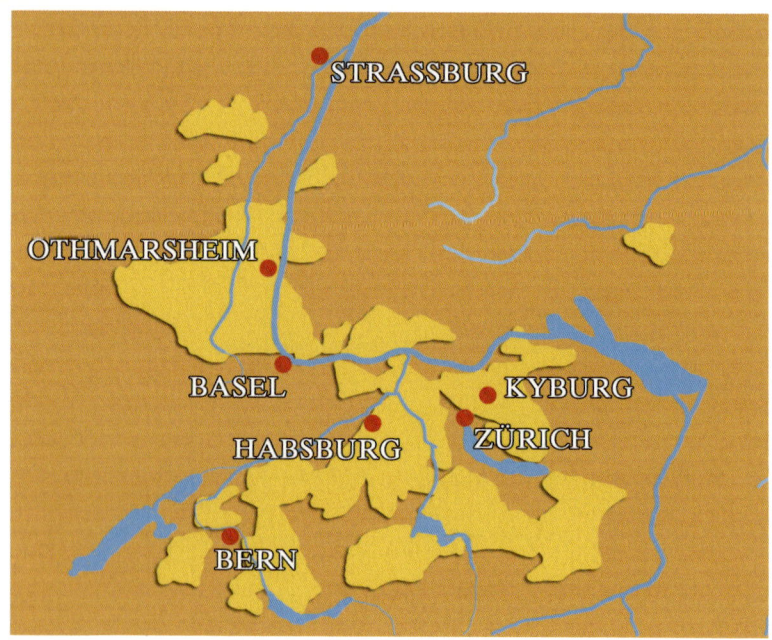

Das Territorium von Graf Rudolf vor seiner Wahl zum deutschen König in den alemannischen Gebieten

die Habsburger damals formal einen bescheideneren Rang: Mit gräflicher Würde und damit immerhin mit der Ausübung öffentlicher Hoheitsrechte ausgestattet, blieben sie unterhalb des Kreises der Reichsfürsten. Ihre frühesten Ahnherren lassen sich nicht mit Sicherheit bestimmen. Schon 300 Jahre vor Rudolf wird im Umfeld Ottos des Großen 952 ein Guntram genannt, von dem man annimmt, er könnte ein Habsburger gewesen sein, und der somit der Erste des Geschlechts wäre, der aus dem Dunkel der Geschichte hervortritt. Andere Persönlichkeiten, die historisch besser greifbar sind, gewannen für die Etablierung des Geschlechts früh an Bedeutung, so der einflussreiche, von Heinrich II., dem letzten der Ottonenkaiser, protegierte Werner Bischof von Straßburg (1002–1028). Wider-

sprüchlichen Angaben zufolge war Werner womöglich selbst ein Habsburgerabkömmling; jedenfalls förderte er die Interessen der Dynastie maßgeblich.

Auch territorial waren die Habsburger auf einem expansiven Kurs; durch die Beerbung verschiedener, vor allem schwäbischer Adelsfamilien gelang ihnen kontinuierlich die Ausdehnung ihres Besitzes. Doch lag er relativ verstreut im heutigen Südwestdeutschland, der Schweiz und im Elsass, eine territoriale Arrondierung und Konzentration gelang kaum. Innerhalb dieses unzusammenhängenden Konglomerats entwickelten sich jedoch bestimmte Orte, die für die frühe Familien- und Territorialgeschichte besondere Bedeutung erlangten. 1027 stiftete eine Habsburger-Gattin im schweizerischen

Aargau das Kloster Muri, das zur Grablege einiger früher Habsburger wurde. Doch es dauerte fast noch einmal hundert Jahre, bis die Familie dann zu jener prominenten Lokalität kam, die im Folgenden für ihre Namensgebung Bedeutung erlangte: die Habsburg oder Habichtsburg, eine ebenfalls im Aargau (etwa auf halber Strecke zwischen Basel und Zürich) gelegene, ältere Burg. Hier ist die Familie ab 1108 nachweisbar, hier errichtete sie für etwas mehr als hundert Jahre ihren Hauptsitz, und jetzt bezeichneten sich ihre führenden Köpfe als „Grafen von Habsburg". Doch wurde die Burg für ihre wachsenden Ambitionen bald zu klein, so dass man sie ab 1220/30 an verschiedene Dienstleute verlieh.

Schon früh standen die Habsburger mit den verschiedenen Kaiserhäusern, den Ottonen, den Saliern und schließlich den Staufern, in Verbindung. Kontinuierlich wuchsen ihre Macht und ihr Einfluss, und im Südwesten avancierten sie als führende Dynastie so zum entscheidenden Machtfaktor. Bald sollte daher auch auf Reichsebene ihre Stunde kommen. Als sich mit dem Tod Kaiser Friedrichs II. 1250 in schnellen Etappen der Niedergang des staufischen Herrscherhauses vollzog, taumelte das Reich für mehr als 20 Jahre in ein Interregnum hinein, in dem es nicht gelang, eine stabile Königsherrschaft aufzubauen. Mit der Wahl Rudolfs von Habsburg sollte dieser Zustand der Instabilität und Handlungsunfähigkeit des Reiches 1273 schließlich ein Ende finden. Jetzt wurden aus den Grafen Könige, aber noch knapp 200 Jahre sollte es dauern, bis sie erstmals auch die Kaiserkrone erlangten. Dennoch: 1273 waren die Habsburger in der Spitze der adlig-dynastischen Hierarchie angekommen und gehörten fortan zum Kreis der führenden Herrscherfamilien des Reiches.

Österreich vor den Habsburgern

In karolingischer Zeit gehörten weite Teile des heutigen Österreichs zum bayerischen Stammesherzogtum, das sich damals bis über die Alpen hinweg in den Nordosten Italiens erstreckte. 976 wurde aus diesem Territorium Kärnten herausgelöst und zu einem selbständigen Herzogtum. Im gleichen Jahr belehnte Kaiser Otto II. die Babenberger Grafen mit der verbliebenen östlichen Grenzmark Bayerns, die wenig später urkundlich erstmals als „Ostarrichi" erwähnt wird. Fast 200 Jahre später, 1156, trennte Kaiser Friedrich Barbarossa Österreich ganz aus dem bayerischen Territorium heraus und erhob es mit dem „privilegium minus" von einer Markgrafschaft ebenfalls in den Rang eines eigenständigen Herzogtums. Bayern wurde dem Welfen Heinrich dem Löwen zugesprochen, während in Österreich nach wie vor die Babenberger die Herrschaft innehatten. Nach jahrhundertelanger Herrschaft starb das Geschlecht der Babenberger 1246 aus. Da zu diesem Zeitpunkt die Macht der Stauferkaiser im Niedergang begriffen war und nach ihrem Ende ein längeres Interregnum folgte, waren die Zentralinstanzen des Reiches nicht in der Lage, die Verhältnisse in dem nun verwaisten Herzogtum neu zu ordnen. Das so entstandene Machtvakuum nutzte der ehrgeizige König von Böhmen, Ottokar II., und nahm Österreich für einen längeren Zeitraum in Besitz. Es sollte eine der zentralen Aufgaben des neugewählten deutschen Königs sein, Ottokar dieses widerrechtlich angeeignete Gebiet zu entreißen und wieder in die Verfügungsgewalt des Reiches zu bringen, um es rechtmäßig an eine neue Herrscherdynastie zu vergeben. Das war die historische Chance der Habsburger: Nachdem König Rudolf von Habsburg Ottokar in der Schlacht bei Dürnkrut geschlagen hatte, setzte er 1282 seine eigenen Söhne als Herzöge in Österreich ein. Das war der Beginn der Habsburgerherrschaft über Österreich, die bis 1918 währen sollte.

Das Herzogtum Österreich bestand nur aus den Gebieten, die in etwa den heutigen Bundesländern Nieder- und Oberösterreich (Österreich unter der Enns und Österreich ob der Enns) entsprechen. Kärnten, die Steiermark, Tirol, Vorarlberg, Salzburg und andere Gebiete bildeten als Herzogtümer, Grafschaften oder Erzbistümer eigenständige Herrschaftsgebiete, die erst im Lauf des Spätmittelalters (Salzburg sogar erst zur Zeit Napoleons) unter Habsburgerherrschaft kommen sollten.

2. DIE ERSTEN KÖNIGE AUS DEM HAUSE HABSBURG UND DER BEGINN DER HERRSCHAFT IN ÖSTERREICH 1282

König Rudolf I.

Mit der Wahl Rudolfs von Habsburg (1218–1291) zum deutschen König am 1. Oktober 1273 beendeten die Kurfürsten das Interregnum. Mit der Wahl eines Grafen glaubte man, um der eigenen Ambitionen willen einen nicht allzu starken Kandidaten berufen zu haben. Doch Rudolf verfügte über herausragende Fähigkeiten. Der Bischof von Basel, mit dem er damals in einer Fehde lag, soll bei der Nachricht von der bevorstehenden Wahl Rudolfs ausgerufen haben: „Bleibe fest sitzen, Herrgott, sonst wird Rudolf deinen Platz einnehmen." Rudolf hatte sich schon zuvor als Dynast bewährt und seine Stammesgebiete nicht zuletzt durch kriegerische Entscheidungen strittiger Erbschaftsangelegenheiten zielstrebig erweitert. Rudolf war ein Parteigänger der Staufer, übte sich aber auch rechtzeitig in Zurückhaltung, als deren Niedergang offenbar geworden war. Klugheit, Tatkraft und Augenmaß prädestinierten ihn nun für das höchste Amt.

Noch im Jahr seiner Wahl zum König begann Rudolf bereits damit, seine neu erworbene Stellung durch Verheiratung seiner Kinder mit Angehörigen der weltlichen Kurfürstenhäuser gezielt aufzuwerten und abzusichern, sodass gegen Ende seiner Herrschaft zu allen vier Häusern verwandtschaftliche Beziehungen bestanden. Auch nahm Rudolf Kontakte mit der Kurie auf, um seine Krönung zum Kaiser zu erlangen, doch verschiedene Schwierigkeiten verhinderten eine Realisation dieses Vorhabens.

Rudolfs Hauptaufgabe zu Beginn seines Königtums war freilich die Zurückdrängung des rivalisierenden Königs Ottokar II. Dieser hatte zur Zeit des nun zu Ende gegangenen Interregnums im Osten nicht nur ein Großreich geschaffen, sondern selbst

Grabmal König Rudolfs I., Krypta im Dom zu Speyer

Ansprüche auf das deutsche Königtum erhoben. Folgerichtig verweigerte er Rudolf deshalb auch die Anerkennung. Rudolfs Aufgabe war es, Ottokar die Gebiete, die er sich widerrechtlich angeeignet hatte, wieder für das Reich zu sichern. Da dieser entsprechenden Aufforderungen der Fürsten des Reiches, die Gebiete wieder herauszugeben, nicht nachkam, wurde zunächst die Reichsacht über ihn verhängt und unter der Führung Rudolfs 1276 und 1278 zweimal militärisch gegen ihn vorgegangen. In der zweiten Schlacht, die bei Dürnkrut nordöstlich von Wien stattfand, wurde Ottokar endgültig geschlagen und er selbst Opfer eines Mordanschlags persönlicher Feinde. Das von ihm errichtete Großreich zerfiel, Rudolf konnte Österreich und die anderen Gebiete als König wieder an sich nehmen und hielt sich daraufhin für mehrere Jahre selbst im Südosten des Reiches auf. Im Jahr 1282 belehnte er schließlich seine beiden Söhne Albrecht und Rudolf mit Österreich, der Steiermark, Krain und der Windischen Mark (ein Jahr später auf Albrecht allein eingeschränkt); das selbständige Herzogtum Kärnten hatte zuvor bereits Meinhard II. von Tirol erhalten. Mit diesem folgenreichen Schritt fassten die Habsburger im deutschen Südosten Fuß und errichteten hier ihre eigentliche Hausmacht (ihre Herkunftsgebiete im Südwesten wurden später daraufhin mit dem bezeichnenden Namen „Vorderösterreich" belegt). Dieser Belehnungsakt war der Beginn ihrer mehr als 600 Jahre dauernden Herrschaft in Österreich; territorial war es der Ausgangspunkt ihrer später ganz

Europa umspannenden Ambitionen. Zu Rudolfs Westpolitik gehörte es, dass er in zweiter Ehe Agnes von Burgund zur Frau nahm, um seine Ansprüche als König auf Burgund zu sichern; dennoch musste er dort 1289 militärisch intervenieren, um zu verhindern, dass es an Frankreich kam. Rudolf erfreute sich ob seines schlichten Auftretens großer Beliebtheit im Volk. Frömmigkeit, Klugheit und Zielstrebigkeit zeichneten ihn aus. Eine Lösung für seine Nachfolge sollte ihm jedoch nicht befriedigend gelingen. Unter seinen Söhnen hatte er ursprünglich den Zweitgeborenen, Hartmann, seinen Lieblingssohn, dafür vorgesehen, doch starb dieser bereits 1281. Im Jahr darauf erfolgte die Belehnung seiner beiden Söhne Albrecht und Rudolf II. mit Österreich. Doch bereits 1290 verstarb Sohn Rudolf noch vor dem königlichen Vater, so blieb allein der wenig beliebte Albrecht für die Nachfolge. Als Rudolf I. sein Ende kommen sah, ritt er nach Speyer, in dessen Dom die Salierkaiser eine königliche Grablege errichtet hatten. Dort starb er am 15. Juli 1291 und wurde in der Krypta des Domes bestattet. Ein an den Gräbern präsentiertes Epitaph trägt sein Porträt (vgl. S. 13).

König Albrecht I. (1298–1308)

Albrecht war von seinem Vater, dem ersten Habsburgerkönig Rudolf I., schon früh mit Herrschaftsaufgaben betraut worden. Wohl noch nicht zwanzigjährig hatte er 1274 die Verwaltung der Oberen Lande der Habsburger übertragen bekommen, wo er sich schon früh zu bewähren vermochte. 1282 installierte der Vater ihn und seinen jüngeren Bruder Rudolf II. gemeinschaftlich, sprich „zur gesamten Hand" in Österreich. Da eine solch brüderliche Doppelherrschaft bei den führenden Adelsgruppen vor Ort aber nicht durchsetzbar war, bekam Albrecht im Vertrag von Rheinfelden 1283 die genannten Gebiete allein zugesprochen. Seinem Bruder wurde anderweitig eine Entschädigung in Aussicht gestellt; doch die versprochene Kompensation für diesen unterblieb, womit eine spannungsreiche familiäre Konstellation geschaffen wurde, die sich für Albrecht später bitter rächen sollte.

In Österreich und der Steiermark sah Albrecht sich bei seiner zielstrebigen Politik des Aufbaus einer starken Landesherrschaft mehrfach mit Aufständen und Oppositionsbewegungen konfrontiert, so unter anderem mit einer Erhebung der Bürger von Wien 1287. Durch schnelles und überlegtes Handeln gelang es ihm jedoch immer, diese Bewegungen niederzuschlagen und durch geeignete Maßnahmen einen Ausgleich mit seinen inneren Gegnern zu suchen. Wien verlor dabei freilich seine Stellung als freie Reichsstadt und wurde wieder dem Landesfürst unterstellt.

Der rasante Aufstieg, der sich bei den Habsburgern abzeichnete, ließ die Kurfürsten gegenüber diesem Geschlecht vorsichtig werden. Aus Sorge, er könnte ein Erbrecht auf den Thron anstreben, versagten sie es Rudolf I. daher, seinen tatkräftigen Sohn Albrecht rechtzeitig als Nachfolger auf dem deutschen Königsthron zu installieren. Statt seiner

König Albrecht I. (reg. 1298–1308)
Gemälde von E. von Steinle, Kaisersaal
Frankfurt

wählten sie 1292 mit Adolf von Nassau einen rheinischen Grafen ohne nennenswerte Hausmacht zum König. Da Albrecht sich zu diesem Zeitpunkt durch Aufstände in seinen Schweizer Gebieten gebunden sah, blieb ihm zunächst nichts anderes übrig, als Adolf anzuerkennen. Doch das Verhältnis zum neuen König wurde nicht zuletzt durch dessen eigenes ungeschicktes Verhalten bald belastet. Darüber hinaus verletzte Adolfs Vorgehen in Mitteldeutschland auch die Interessen der Kurfürsten von Böhmen und Mainz. So bildete sich bald eine mächtige Koalition gegen ihn, in die auch Albrecht einbezogen wurde. Dieses mächtige Bündnis betrieb 1298 mit rechtlich womöglich nicht ganz korrekten Methoden die Absetzung Adolfs von Nassau. Adolf wehrte sich dagegen und versuchte, seine Position militärisch zu behaupten; doch in einer Schlacht mit den Truppen Albrechts kam er zu Tode. Albrecht, dem die Kurfürsten wenige Jahre zuvor noch die Königskrone verweigert hatten, wurde jetzt schnell von ihnen in das höchste Amt eingesetzt. Doch da der Papst, Bonifaz VIII., sich bei diesen Vorgängen in seinem Recht, den König abzusetzen und einen neuen zu approbieren, von den deutschen Kurfürsten übergangen fühlte, verweigerte er Albrecht über mehrere Jahre die Anerkennung und setzte ihn unter Druck. Diese feindselige Haltung änderte er erst, als er sich 1303 von Frankreich, wohin Albrecht durch Verheiratung seines Sohnes Rudolf III. mit der französischen Königstochter Blanche unterdessen Kontakte aufgebaut hatte, bedroht fühlte und daher seinen Beistand suchen musste.

Auch im Inneren des Reiches war Albrecht insbesondere unter den rheinischen Kurfürsten, die seine Wahl betrieben hatten, unterdessen eine Opposition erwachsen. Verschiedene Interessenskonflikte, darunter Albrechts Übertragung der Rheinzölle auf die Städte am Fluss, trugen ihm

die Gegnerschaft der Fürsten ein. In den nachfolgenden gewaltsamen Auseinandersetzungen behielt er jedoch einmal mehr die Oberhand und konnte seine Gegner beugen.

Im eigenen Herrschaftsgebiet, in Österreich und der Steiermark hatte er die Herrschaft zur gesamten Hand unterdessen bereits an seine Söhne übergeben. Mit dem Aussterben der Přemyslidendynastie in Böhmen 1306 sah er die Möglichkeit einer Expansion nach Norden, zog das böhmische Land als erledigtes Reichslehen ein und setzte seinen Sohn Rudolf, den er in zweiter Ehe mit der Witwe des letzten Přemyslidenkönigs verheiratete, gegen Widerstände des örtlichen Adels als König von Böhmen ein. Diese ersten Ansätze einer Habsburgerherrschaft auch über Böhmen wurden durch den baldigen Tod Rudolfs bereits 1307 jedoch wieder zunichtegemacht.

Ein weiteres Engagement in Böhmen durch einen Feldzug war bereits geplant. Doch wurde Albrecht I. bei einem Aufenthalt in seinen Schweizer Gebieten am 1. Mai 1308 Opfer eines Mordanschlags durch seinen Neffen Johann Parricida. (Der Beiname bedeutet Verwandtenmörder). Dieser hatte sich durch das Nichteinlösen der Entschädigungsansprüche, die Albrecht seinem Vater nach dessen Ausscheiden aus der gemeinschaftlichen brüderlichen Verwaltung von Österreich und der Steiermark 1283 zugestanden hatte, in seinen eigenen Erbansprüchen verletzt gefühlt.

Albrechts zielstrebige Politik, in der Ansätze zum Aufbau einer Habsburger Erbmonarchie erkennbar wurden, war so an innerfamiliärer Rivalität vorerst gescheitert. Er hinterließ jedoch eine reiche Nachkommenschaft, unter der sich später Persönlichkeiten fanden, die diese Ansätze in großem Ausmaß zur Entfaltung bringen sollten.

Friedrich der Schöne und das Scheitern des Habsburger Erbkönigtums

Durch den plötzlichen Tod von König Albrecht war ihm keine Zeit geblieben, seinen Söhnen die Nachfolge auch im deutschen Königtum zu sichern. Sein ältester Sohn, Rudolf, den er noch als König von Böhmen hatte etablieren können, war 1307 bereits vor ihm gestorben. Die jüngeren Söhne, insbesondere Friedrich (der Schöne) und Leopold, hatten sich nun ohne väterliche Protektion um die Sicherung der Habsburger Herrschaftsansprüche zu bemühen. Doch die Kurfürsten fürchteten deren Ambitionen, in denen sie eine Tendenz zu einer Habsburger Erbmonarchie zu erkennen glaubten, und wählten 1308 Heinrich von Luxemburg, der unter französischem Einfluss stand, zum deutschen König. Es begann eine Phase, in der die Habsburger in mancher Hinsicht in die Defensive gerieten. Ihr Griff nach der Macht in Böhmen war mit dem Tod Rudolfs gescheitert. König Heinrich zog Böhmen als erledigtes Reichslehen ein und gab es seinem eigenen Sohn, Johann, den er zur besseren Legitimation mit der Erbtochter des dort ausgestorbenen Herrschergeschlechts der Přemysliden verheiratete. Böhmen wurde damit für mehr als hundert Jahre Herrschaftsgebiet und Machtbasis der Königs- und

Friedrich der Schöne von Österreich (reg. 1314–1330), Gemälde von Ferdinand Fellner, Kaisersaal Frankfurt

Kaiserdynastie aus dem Hause Luxemburg und Habsburger Ambitionen auf dieses Gebiet so zurückgedrängt. Auch in ihren alten Stammlanden im Südwesten des Reiches begannen die Habsburger an Einfluss zu verlieren. Die Eidgenossen strebten nach

17

Unabhängigkeit und erreichten mit ihrem Sieg in der Schlacht von Morgarten 1315 einen ersten Erfolg gegen sie. Und schließlich gab es auch in den österreichischen Gebieten, nämlich in Wien, einen Aufstand gegen die Habsburger Herrschaft, doch konnte Friedrich der Schöne sich hier durchsetzen. Österreich blieb den Habsburgern erhalten.

König Heinrich, der 1312 in Rom auch die Kaiserkrone erlangte, war nur eine kurze Zeit beschieden. Nach nur fünfjähriger Amtszeit erlag er bereits 1313 einer Malariaepidemie. Sofort regten sich daher wieder Habsburger Ansprüche auf den Königstitel und Friedrich war wieder zur Stelle. Doch auch die Wittelsbacher wagten nun erstmals den Griff nach der Krone; Aspirant dort war Herzog Ludwig, dessen Mutter eine gebürtige Habsburgerin war, sodass die beiden Thronkandidaten Vettern waren; sie hatten daher sogar einen Teil ihrer Kindheit gemeinsam miteinander in Wien verbracht. Das Kurfürstengremium war angesichts dieser Rivalität in sich selbst gespalten, dies vor allem auch deshalb, weil in Sachsen und Böhmen jeweils zwei Linien um die Herrschaft rangen, die auch in der Frage der Königswahl unterschiedliche Interessen verfolgten; diese beiden Territorien gaben bei der Königswahl daher zwei einander widersprechende Voten ab, mit der Folge, dass es im Oktober 1314 zu einer Doppelwahl kam. Einen Monat später, am 25. November 1314 wurden die beiden so Gewählten zum römischen König gekrönt: Friedrich im Münster zu Bonn mit der Reichskrone, Ludwig in der alten Kaiserstadt Aachen mit einer Ersatzkrone.

Durch die Zustimmung ihrer Wähler und die Krönung fühlten sich beide zum König legitimiert. Die Entscheidung konnte daher nur in einem militärischen Ringen gefunden werden, das sich über mehrere Jahre hinzog. Im Jahr 1322 kam es zwischen den beiden königlichen Kontrahenten zur finalen Schlacht. Friedrich verlor sie aufgrund überstürzten Vorgehens und geriet dabei in Ludwigs Gefangenschaft. Darin hatte er drei Jahre zu verbringen, während derer sein Bruder, Herzog Leopold von Österreich, vergeblich versuchte, ihn durch Krieg gegen Ludwig zu befreien.

In dieser Situation schaltete sich der in Avignon residierende Papst, Johannes XXII., ein. Mit ihm stand König Ludwig in Italien in einem starken Interessenkonflikt. So nutzte Johannes den unklaren Ausgang der Königswahl von 1314 und die daraus noch immer nicht geklärte Lage im Streit um den Thron jetzt, ihm seine Legitimation als König abzusprechen. Dieser Konflikt spitzte sich schnell zu, sodass Ludwig 1324 mit dem päpstlichen Bann belegt und über seine Gefolgsleute das Interdikt (Verbot, die Sakramente zu spenden) verhängt wurde. Eingedenk älterer Kämpfe im Mittelalter, die ihren Höhepunkt im Investiturstreit gefunden hatten, hatte der Papst sich damit erneut in die Reichspolitik eingemischt und einen schweren Konflikt zwischen weltlicher und kirchlicher Macht heraufbeschworen, der die nächsten Jahre zu weitreichenden verfassungsrechtlichen Änderungen führen sollte. Angesichts dieser Lage sah Ludwig sich gezwungen, einen Ausgleich mit den Habsburgern und anderen Gegnern im Reich zu suchen. Er söhnte sich daher mit Friedrich dem Schönen aus, entließ ihn aus seiner Gefangenschaft und machte ihn zum Mitkönig im Reich. Für kurze Zeit hatte man damit die einmalige Konstellation eines quasi legalisierten Doppelkönigtums; beide Herrscher führten gemeinsam den Königstitel. Friedrich sah sich mit dieser Einigung aber in seiner eigenen Familie Schwierigkeiten ausgesetzt, da seine Brüder mit der gefundenen Lösung nicht einverstanden waren. Der Konflikt wurde dadurch entschärft, dass sein Bruder Leopold bereits 1326 verstarb. Im Übrigen verhielt Friedrich sich recht passiv und zog sich nach Österreich zurück. Schon 1330 starb auch er, womit das Doppelkönigtum bereits an sein Ende kam. Ludwig der Bayer, der 1328 auch die Kaiserkrone erlangt hatte, war nun unangefochten das legitime Oberhaupt des Reiches.

In die offizielle Zählung der deutschen Könige, in der ihm unter den Herrschern des Namens Friedrich die Position des Dritten zugestanden hätte, ist Friedrich der Schöne nicht eingegangen. Aus den Ambitionen auf die deutsche Königs- und Kaiserkrone schieden die Habsburger nun für mehr als hundert Jahre aus. Mit dem Tod Friedrichs, der selbst keinen überlebenden männlichen Erben hatte, oblag die Weiterführung der Habsburger Familientradition nun für fast 30 Jahre seinem jüngeren Bruder Herzog Albrecht II. Albrecht war vor allem mit der Arrondierung und Ausweitung des Besitzes beschäftigt. 1335 wurde er von Kaiser Ludwig mit Kärnten und Krain

belehnt. Die Habsburger begannen sich im Südosten des Reiches als Machtfaktor zu etablieren.

Rudolf IV. der Stifter und die Aufwertung Österreichs zum Erzherzogtum 1358/59

Herzog Rudolf IV., Sohn Albrechts II. und Neffe Friedrichs des Schönen, hatte eine sorgfältige Erziehung genossen, er war gebildet und zeigte von Anfang an großen Ehrgeiz. Früh wurde er mit einer Tochter Kaiser Karls IV. verheiratet, so dass zunächst enge Bindungen an die Kaiserdynastie der Luxemburger entstanden. Bereits mit 18 Jahren betraute ihn sein Vater mit der Verwaltung der alten Stammlande im alemannisch-schwäbischen Südwesten des Reiches; sein Schwiegervater, Kaiser Karl, übertrug ihm darüber hinaus die Reichslandvogtei im Elsass. Als im Jahr darauf (1358) sein Vater verstarb, trat er dessen Nachfolge in Österreich an. Mit 19 Jahren war er Oberhaupt des Habsburger Herrschergeschlechts.

Aus dieser Position heraus machte er sich sofort daran, eine Aufwertung Österreichs herbeizuführen, indem er es – durch einen Täuschungsakt – vom Herzogtum in den Rang eines „Erzherzogtums" erhob. Rudolf reagierte mit diesem Schritt auf den Erlass der Goldenen Bulle durch seinen Schwiegervater Kaiser Karl IV. Mit dieser Urkunde hatte Karl dem Reich endlich eine stabile Verfassung gegeben. Die Goldene Bulle von 1356 regelte bis zum Ende des Alten Reichs 1806 verbindlich das Verfahren der Königswahl, für das es

Rudolf der Stifter, Erzbischöfliches Dom- und Diözesanmuseum Wien

bis dahin nur ein gewohnheitsrechtlich geübtes, mit manchen Unklarheiten belastetes Verfahren gegeben hatte. Sie bestätigte definitiv den Kreis der Kurfürsten, der zur Wahl des Königs berechtigt sein sollte. Es handelte sich dabei um jene sieben Fürsten, die bei der ersten Wahl nach dem Interregnum 1273 – also der Wahl von König Rudolf I. mehr als 80 Jahre zuvor – in der Geschichte erstmals in dieser Zusammensetzung in Erscheinung getreten waren (siehe Kasten S. 25). Österreich gehörte traditionellerweise ebenso wenig zu diesem exklusiven Kreis der Königswähler wie andere alte und machtvolle deutsche Herrschaftsgebiete wie etwa das Herzogtum Bayern. Herzog Rudolf fühlte sich nun in seiner Ehre gekränkt, dass sein Schwiegervater Kaiser Karl Österreich nicht in diesen durch alte Tradition bestimmten, politisch her-

ausgehobenen Zirkel der Königswähler neu aufgenommen hatte.

Um dem gegenzusteuern, präsentierte er nun das berühmte „Privilegium Maius" (großer Freiheitsbrief). Es handelte sich dabei um eine in seinem Auftrag angefertigte gefälschte Version des „Privilegium Minus" von 1156, mit dem Friedrich Barbarossa seinerzeit Österreich von Bayern abgetrennt und als eigenständiges Herzogtum etabliert hatte. Für die Fälschung wurde das Goldsiegel der älteren Urkunde verwendet und diese dann vernichtet (sie liegt heute daher nur in Abschrift vor). Das Privilegium Maius nahm für Österreich nun Bestimmungen auf, die die Goldene Bulle vor allem für die weltlichen Kurfürstentümer vorgesehen hatte, so die Unteilbarkeit des Landes und damit das privilegierte Herrschaftsrecht des erstgeborenen Fürstensohns (Primogenitur), womit die bei den Habsburgern bisher geübte Herrschaftsform der gemeinsamen Beteiligung der Brüder zur gesamten Hand, wenn nicht gänzlich ausschied, so doch zumindest sehr abgeschwächt wurde. Auch in der Verwendung königsgleicher Insignien oder in der Gerichtsbarkeit, in der Österreich nun Eigenständigkeit beanspruchte ohne die Möglichkeit, den Kaiser anzurufen, sollte das Land aufgewertet werden. Und schließlich sollte es von nun an als „Erzherzogtum" gelten. Außer bei dem Recht der Königswahl, das Rudolf nicht verfügen konnte, erhob Österreich damit den Anspruch, mit den besonders privilegierten Kurfürstentümern auf Augenhöhe zu sein, und Rudolf selbst begriff seine eigene Stellung im Land je länger, desto mehr als königsgleich.

Kaiser Karl erkannte das Privilegium Maius allerdings nicht an, denn schon damals wurde es als Fälschung durchschaut. Über diesen Vorgang kam es zeitweilig zum Bruch zwischen dem Kaiser und seinem Habsburger Schwiegersohn. Karl widersprach Rudolfs königsgleichen Ambitionen verschiedentlich, den Titel des Erzherzogs ließ er im Übrigen aber unbeanstandet. Fast hundert Jahre später, als mit Friedrich III. erstmals ein Habsburger die Kaiserkrone erlangte, erhielt das Privilegium Maius schließlich doch noch kaiserliche Bestätigung, auch spätere Habsburgerkaiser wie Rudolf II. und Karl VI. erkannten es noch einmal ausdrücklich an. In der historischen Forschung wurde Mitte des 19. Jahrhunderts die Fälschung dann allerdings auch auf wissenschaftlicher Grundlage nachgewiesen.

Rudolf aber betrieb die Aufwertung seiner Dynastie nun auch durch anderweitige Prestigeprojekte weiter, so als er durch Umbau die Wiener Pfarrkirche St. Stephan architektonisch und rechtlich aufwertete oder durch die Stiftung der Wiener Universität 1365 nach dem Modell der kurze Zeit zuvor von Karl IV. gegründeten Universität in Prag.

1363 führte Rudolf eine bedeutende Ausweitung des Habsburger Herrschaftsbereichs nach Westen herbei; als ihm die Übertragung der Grafschaft Tirol gelang. Damit konnte er eine Landbrücke zwischen den verschiedenen Habsburger Territorien herstellen. Auch Kaiser Karl, mit dem es zur Aussöhnung kam, bestätigte diesen Landerwerb durch Belehnung, da es galt, entsprechende bayerische

Das Habsburger Herrschaftsgebiet bestand aus einem Konglomerat verschiedener Herzogtümer und Grafschaften, die jeweils eine gewisse Autonomie besaßen. Die einzelnen Gebiete bilden teilweise den historischen Grundstock für die einzelnen Bundesstaaten der heutigen Republik Österreich. Bei der Teilung von 1379 wurden diese einzelnen Ländereien zwischen den Familienzweigen aufgeteilt.

Ansprüche abzuwehren. In der Folge kam es sogar zu Erbverträgen der Habsburger mit den Luxemburgern, nachdem bereits mit Ungarn ein solcher Vertrag abgeschlossen worden war. So zeichnete sich erstmals ein Zusammengehen der Länder Österreich, Ungarn und Böhmen ab. Rudolf war in seinen Gebieten auch als Förderer des Handels und der Gewerbefreiheit hervorgetreten. Seine folgenreiche Herrschaftszeit blieb jedoch kurz. Bereits 1365 verstarb er im Alter von 35 Jahren ohne einen Erben zu hinterlassen.

Expansionen, Teilungen, Machtkämpfe und Gebietsverluste um 1400

Rudolf der Stifter hatte kurz vor seinem Tod mit seinen jüngeren Brüdern, den Herzögen Albrecht III. und Leopold III., einen Hausvertrag geschlossen, der gemäß dem Privilegium Maius die grundsätzliche Unteilbarkeit der Länder und die Gesamtregierung aller Brüder vor-

sah, aber dem Ältesten zugleich große Vorrechte einräumte. Mit dem Tod Rudolfs ging die Herrschaft auf die beiden Brüder über. Diesen gelangen sowohl die Sicherungen von Gebieten ihres Machtbereichs – so diejenige Tirols gegen nach wie vor erhobene bayerische Ansprüche – als auch Arrondierungen wie in Istrien und Teilen der Windischen Mark.

Entgegen dem Gedanken der Unteilbarkeit der Lande beharrte der jüngere der Brüder, Leopold, je länger, desto mehr auf einem eigenen Herrschaftsbereich. So kam es 1379 mit dem Vertrag von Neuberg an der Mürz zu einer folgenreichen Landesteilung: Die Habsburger Herrschaft spaltete sich daher für vier Generationen bzw. fast 80 Jahre auf in eine albertinische Linie, die in Nieder- und Oberösterreich saß, und eine leopoldinische Linie, die Innerösterreich (Steiermark, Kärnten, Krain, Istrien, Görtz, Tirol, Vorderösterreich) erhielt. Der Teilungsvertrag sah vor, dass beim Aussterben der einen Linie die überlebende erben sollte. Die ältere Linie – hier

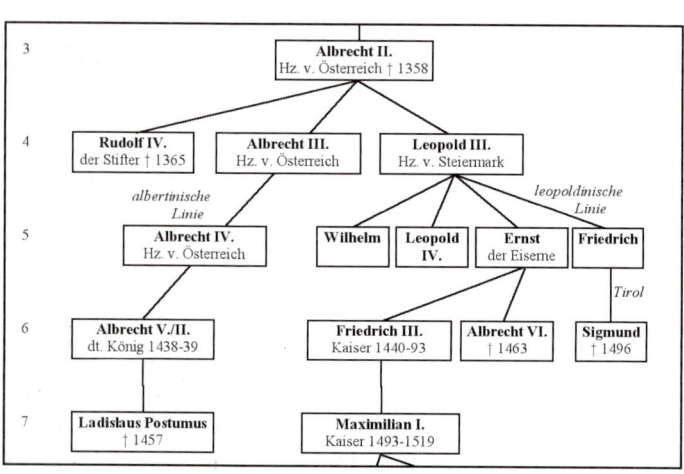

der Enkel von Albrecht – sollte später als erste auch wieder die Königskrone für Habsburg erlangen. Während Herzog Albrecht III. sich durch hohe Gelehrsamkeit und Mäzenatentum auszeichnete, war sein jüngerer Bruder Herzog Leopold III. stärker an einer Ausweitung des Habsburger Machtbereichs interessiert. Ihm gelangen weitere Abrundungen der Besitzungen im Westen und Süden, die er meist durch Kauf, durch kaiserliche Übertragung oder freiwillige Unterstellung erlangte, darunter Triest und andere italienische Besitzungen, Feldkirch in Vorarlberg, Gebiete in Schwaben u. a. Doch die alten Besitzungen in der Schweiz waren immer schwerer gegen die Selbständigkeitsbemühungen der Eidgenossen zu verteidigen. In der Schlacht bei Sempach (Kanton Luzern) 1386 erlitten die Habsburger gegen sie eine vernichtende Niederlage. Leopold selbst verlor dabei sein Leben. Da seine Söhne noch minderjährig waren, übernahm Albrecht nun vormundschaftlich die Gesamtregierung. Obwohl eher friedfertig veranlagt, wurde er schnell erneut in eine Schlacht mit den Eidgenossen – die Schlacht bei Näfels 1388 – verwickelt, bei der die Habsburger ebenfalls unterlagen. Mehr und mehr verloren sie ihren Einfluss in der Schweiz.

Die jüngere (leopoldinische) Linie war aufgrund innerfamiliärer Spannungen in der Folge von weiteren Machtzersplitterungen heimgesucht, denn unter den Söhnen Herzog Leopolds III. herrschte große Uneinigkeit: weder funktionierte die in der Familie alttradierte gemeinschaftliche Herrschaftsform zur „gesamten

König Albrecht II. (reg. 1438/39), Gemälde von Joseph Binder, Kaisersaal Frankfurt

Hand", noch vermochte der Erstgeborene, wie von Rudolf dem Stifter mit der Primogeniturregelung vorgesehen, hier seine jüngeren Brüder, um den Rechtsfrieden zu wahren, klar zu dominieren. Der älteste der Brüder, Herzog Wilhelm, versuchte nach dem Ableben der Vorgänger-generation über den Teilungsvertrag der Väter hinweg in die albertinische Linie hineinzuregieren und dort seinen jüngeren Vetter, Herzog Albrecht IV., unter sein Kuratel zu bringen. Zwischen Leopold IV. und Ernst dem Eisernen entlud sich die brüderliche Rivalität um die Macht bis in einem blutigen Bürgerkrieg. Der jüngste der Brüder, Herzog Friedrich IV. („Friedel mit den leeren Taschen") hingegen erhielt mit Tirol und den Vorlanden die westlichen Randgebiete. Doch auch hier wollte sein Bruder Ernst sich etablieren, als über Friedrich wegen unglücklichen Agierens auf dem Konzil in Konstanz zeitweilig die Reichsacht verhängt und er für einige Jahre in kaiserliche Gefangenschaft genommen worden war. Doch Friedrich konnte wieder zurückkehren und die Tiroler Ambitionen seines älteren Bruders zurückweisen. Dank des örtlichen Silberbergbaus entwickelte er schließlich eine erfolgreiche Wirtschaftspolitik, und da er einen Sohn hatte, Sigmund „der Münzreiche", konnte sich von ihm ausgehend in Tirol bis zum Ende des 15. Jahrhunderts sogar eine eigene Habsburger Linie etablieren. Solche hausinternen Spannungen und Rivalitäten waren kein Habsburger Spezifikum, sie waren ein allgemeines Signum der Epoche. Just zu dem Zeitpunkt, da die europäischen Dynastien damit beschäftigt waren, um der Einheit willen dem Erstgeburtsrecht Geltung zu verschaffen, erreichten auch solche Kämpfe zwischen Brüdern, Vettern und anderen Hausverwandten ihren Höhepunkt – siehe die Rosenkriege in England, entsprechende Streitigkeiten bei den Wittelsbachern oder bei den Wettinern und anderswo.

Römisch-deutscher König – Kaiser des Heiligen Römischen Reichs – Österreichischer Kaiser

Die Kaiseridee des 1806 untergegangenen Alten Reiches hatte ihren Ursprung im Kaisertum des antiken Rom. Mit der Krönung des Frankenkönigs Karl dem Großen durch Papst Leo III. im Jahr 800 lebte das römische Kaisertum wieder auf, wurde dabei jedoch durch das Christentum zugleich neu fundiert. Nach dem Zerfall des Karolingerreichs ging das Kaisertum auf die ostfränkischen Gebiete über, aus denen sich seit den Ottonen das Deutsche Reich entwickelte. Während sich in Frankreich und England das Erbkönigtum durchsetzte, wurde das deutsche Königtum zu einem Wahlkönigtum. Hatte ein König bzw. ein Kaiser einen Sohn, so hatte dessen Wahl eher akklamatorischen Charakter. Beim Aussterben einer Herrscherdynastie trat der Wahlcharakter des Königtums hingegen deutlicher hervor. Es ist nicht bekannt, wie sich der Kreis jener weltlichen und geistlichen Fürsten, die berechtigt waren, den König zu wählen, im hohen Mittelalter zusammensetzte. Erst im Jahr 1273 (mit der Wahl des ersten Habsburgers, Rudolf I., zum deutschen König) treten sie als die sieben Kurfürsten geschichtlich greifbar in Erscheinung. Es waren dies die geistlichen Herren von Mainz, Trier und Köln und die weltlichen Herren von der Pfalz, Böhmen, Sachsen und Brandenburg. Wenig später wurden diese sieben Herrscher in der Goldenen Bulle von 1356 als Königswähler reichsrechtlich bestätigt.

Der Herrscherwechsel vollzog sich in einem Dreischritt: Wahl des Kandidaten zum römischen König (deutschen König) durch die Kurfürsten in Frankfurt a. M., Krönung zum König in Aachen (der Hauptresidenz und dem Begräbnisort Karls des Großen), danach Zug nach Rom, wo erst die Krönung zum Kaiser durch den Papst erfolgte. Da der zuletzt genannte Akt im Mittelalter sehr aufwendig und wegen oft rivalisierender Interessen der norditalienischen Städte in der Regel nur durch einen Heereszug möglich war, darüber hinaus wie zur Zeit des Investiturstreits Ende des 11. Jahrhunderts oder zur Zeit der späten Stauferherrschaft oft schwerwiegende Divergenzen mit dem Papst bestanden, haben nicht alle Könige einen Romzug unternommen. Sie haben daher die Kaiserkrone nicht erlangt und konnten nur den Königstitel führen, so insbesondere die ersten beiden Könige der Habsburger Rudolf I. und Albrecht I.

Reichskrone, um 961/967, Hofburg Wien, Weltliche Schatzkammer

Die österreichische Kaiserkrone, Schatzkammer Wien. Rudolf II. ließ sie 1602 in seiner Prager Hofwerkstätte als Hauskrone anfertigen. 1804 wurde sie zur Kaiserkrone.

Seit dem späten Mittelalter löste sich das Reich immer mehr von seiner Bindung an den Papst. Nach der Reformation schieden der Papst als Bekröner des Kaisers, aber auch Aachen als Krönungsort ganz aus. Seit Maximilian II. (1562) wurden Wahl und Krönung in Frankfurt vollzogen. Von einem kurzen Wittelsbacher Zwischenspiel (1742–1745) abgesehen, hatten seither nur noch die Habsburger die Kaisermacht inne. Noch bis 1806 ließ das Kaisertum im Titel und durch das zwingende katholische Bekenntnis der Amtsinhaber seine römischen Ursprünge erkennen.

Kurz vor dem Ende des Alten Reichs erhob sich Napoleon 1804 selbst zum Kaiser der Franzosen. Als Reaktion auf diesen Vorgang begründete auch Kaiser Franz II. ein eigenes österreichisches Kaisertum. Staatsrechtlich war dies eine vollkommen neue Schöpfung: Es beschränkte sich nur auf Österreich und es war ein Erbkaisertum. Franz fungierte hier nun als Kaiser Franz I. von Österreich. Erst zwei Jahre nach diesem Akt legte er unter dem Druck der napoleonischen Kriege die alte Kaiserkrone nieder, so dass das Alte Reich und das neue österreichische Kaisertum für kurze Zeit nebeneinander bestanden hatten. Damit wurde das alte „Heilige Römische Reich Deutscher Nation" aufgelöst; die alte ottonische Kaiserkrone war historisch geworden und wurde nicht mehr vergeben. Als österreichischer Kaiser trugen Franz und seine Habsburger Nachfolger bis 1918 die Hauskrone von Kaiser Rudolf II. von 1602.

3. 1452: DIE HABSBURGER WERDEN KAISER

Die Wiedererlangung der Königskrone 1438

Es war die ältere der beiden seit 1379 getrennten Linien, die albertinische, in der die Habsburger nach mehr als hundert Jahren zunächst die Königskrone wieder erlangen sollten, um wenig später erstmals auch die Kaiserkrone zu erwerben. Für den Enkel Herzog Albrechts III., Herzog Albrecht V., zeichneten sich früh in seinem Leben politisch und dynastisch günstige Konstellationen ab, dank derer ihm 1438 die Krone zufiel.

Albrecht war der Repräsentant der dritten Generation der albertinischen Linie. Im Alter von sieben Jahren verlor er bereits seinen Vater, Albrecht IV. Mehrere seiner Onkel aus der leopoldinischen Linie übernahmen der Reihe nach die Vormundschaft über ihn. Doch war diese Vormundschaft zugleich ein Vehikel, über das die Onkel versuchten, Einfluss in den den Albertinern zustehenden niederösterreichischen Gebieten zu erhalten. Da die Stände dieses Landstrichs damit nicht einverstanden waren, erklärten sie Albrecht 1411 (im Alter von 14 Jahren) für großjährig und hoben die Vormundschaft der Verwandten auf. Albrecht konnte daraufhin selbständig agieren und bemühte sich in der Folge insbesondere um die Reform der durch das Papstschisma gelähmten Kirche. Einen Schwerpunkt bildete auch die Abwehr von Unruhen, die durch die Hinrichtung von Johannes Hus auf dem Konstanzer Konzil 1415 ausgelöst wurden und die von Böhmen aus bis nach Österreich hineinreichten.

Traditionell eng waren die Beziehungen der Habsburger zu den Luxemburgern, die ihre Hausmacht von Böhmen aus jetzt verstärkt auch auf Ungarn und Polen auszudehnen versuchten. In ihrer Funktion als deutsche Könige und Kaiser waren sie durch Wenzel, den Sohn Karls IV., zwischenzeitlich jedoch geschwächt; Wenzel wurde 1400 wegen Unfähigkeit abgesetzt, die deutsche Krone fiel für zehn Jahre an die pfälzischen Wittelsbacher. Nur in Böhmen konnte Wenzel den Königsthron bis zu seinem Tod 1419 behaupten. Sein jüngerer Bruder, Sigismund, hatte sich mit Mühe in Ungarn als König etablieren können, stand mit Wenzel sowie seinem Vetter Jobst von Mähren aber in einem schwierigen innerfamiliären Verhältnis, das von divergierenden Machtinteressen geprägt war. Sigismund wurde in den Jahren 1410/11 schließlich zum deutschen König gewählt und erlangte sehr viel später (1433) auch die Kaiserkrone. Spätestens mit dem Tod seiner männlichen Verwandten war seine Stellung als Oberhaupt der Luxemburger unangefochten. Sigismund war schließlich auch der eigentliche Gegenspieler der Hussiten. Für diesen Luxemburger Herrscher war Albrecht nun schon früh als

Bündnispartner interessant geworden. 1411 verlobte er seine gerade zwei Jahre alte Tochter Elisabeth mit dem jungen (damals 14 Jahre alten) Albrecht. Dabei hoffte er zu diesem Zeitpunkt noch auf die Geburt weiterer Kinder, insbesondere auf einen Sohn; doch war, solange dieser nicht eintraf, Elisabeth die Erbin der Luxemburger Dynastie. Zehn Jahre später (1421) – ein eigener Thronfolger Sigismunds war immer noch nicht geboren –, bekräftigte man das Bündnis durch die Heirat von Albrecht und Elisabeth. Die Hochzeit wurde nicht von ungefähr in Prag, dem Herrschaftszentrum der Luxemburger, gefeiert. Dem waren politisch abgestimmte Aktionen Sigismunds und Albrechts gegen die Hussiten vorausgegangen. Albrecht sah sich durch die Einfälle der Hussiten in seinem Herrschaftsgebiet zu systematischen Verfolgungen der Juden veranlasst, denen er vorwarf, mit den Hussiten zu konspirieren. Auch später, in seiner Zeit als König, lassen sich antijüdische Elemente seiner Politik erkennen. Mit seinem Schwiegervater kooperierte er auch in anderer Hinsicht eng, sodass dieser in ihm immer mehr seinen Nachfolger sah. 1422 belehnte er ihn schließlich mit Mähren, das ihm den Anspruch auf die Krone Böhmens sicherte.

Als Kaiser Sigismund 1437 starb, wurde Albrecht zum Erbe der großen Luxemburger Hausmacht, die so mit dem Teil der Habsburger Erblande, über die er gebot, personell zu einer frühen Form der Donaumonarchie verbunden wurde. Es kam daraufhin zu einer schnellen Abfolge von Wahlen und Inthronisationen auf den Königsthronen zunächst von Ungarn, dann – gegen Widerstände oppositioneller Kräfte in den Ständen – in Böhmen und am 18. März 1438 schließlich durch Wahl auf dem römisch-deutschen Königsthron. Die Kurfürsten hatten keine realistische Alternative zu dem Habsburger gesehen, dessen Macht sie aber doch zugleich fürchteten und den sie durch Formulierung eines Regierungsprogramms daher an sich zu binden versuchten.

Albrecht II. ging wohl tatkräftig ans Werk, musste sich aber in den Angelegenheiten des Reiches durch Räte vertreten lassen, da er in seinem neuen Herrschaftsgebiet Böhmen bis auf Weiteres nicht abkömmlich war. Als sich im Jahr nach seiner Wahl wieder die Gefahr einer neuen Bedrohung durch die Türken abzuzeichnen schien, traf er von Ungarn aus Vorbereitungen zu einem Feldzug. Dabei erkrankte er an der Ruhr, der er am 27. Oktober 1439 erlag. Albrechts Königtum hatte damit nur etwa eineinhalb Jahre gedauert. Da er in dieser Zeit nie in die deutschen Kerngebiete des Reiches gekommen war, waren von seiner Herrschaft hier keine nennenswerten Impulse ausgegangen.

Vier Monate nach seinem Tod wurde ihm mit Ladislaus Postumus noch ein Sohn geboren. Er war sein Erbe in den Königreichen Ungarn und Böhmen. Doch der Neugeborene wuchs als Spielball rivalisierender Mächte heran.

Friedrich III. – der erste Habsburger Kaiser

Herzog Friedrich V., geboren 1415 in Innsbruck, war ein Abkömmling der leopoldinischen Linie der Habsburger, die in der Steiermark saß. Die Kurfürsten einigten sich schnell darauf, dass die Führung im Reich von Albrecht II. auf ihn übergehen solle und wählten ihn 1440 zum römisch-deutschen König. 1442 erfolgte seine Krönung in Aachen. Den Hausbesitz des verstorbenen Albrechts – nämlich Böhmen, Ungarn und das Erzherzogtum Österreich mit der Hauptstadt Wien – sollte allerdings dessen nachgeborener Sohn, Ladislaus Postumus, erben. Doch um diesen erst Monate nach Albrechts Tod zur Welt gekommenen Knaben gab es aufgrund seiner exponierten dynastischen Stellung heftige Kontroversen. Wer sollte während der langen Zeit seines Heranwachsens vormundschaftlich über ihn bestimmen dürfen: die Stände und die Vertreter der Länder, die er von seinem Vater geerbt hatte, oder – vertreten durch König Friedrich – doch der Habsburger Familienverband, also seine Verwandten, die aber in Innerösterreich und Tirol saßen? Böhmen, Ungarn und Österreich ob und unter der Enns verbaten sich ein Eingreifen und Hineinregieren des „Steirers" Friedrich in ihre inneren Angelegenheiten. Nun hatte Friedrich sich auf abenteuerlichem Weg aber schon früh in den Besitz der ungarischen Krone, der Stephanskrone, einem für den ungarischen Nationalstolz hochbedeutenden Symbol, gebracht und nahm Ladislaus, der unter seiner Aufsicht zur Welt kam, von Anfang an unter seine Obhut. Im Alter von drei Monaten ließ er ihn gegen heftiges Widerstreben der Stände Ungarns zum König dieses Landes krönen,

Kaiser Friedrich III. (reg. 1440–1493), Gemälde von Julius Hübner, Kaisersaal Frankfurt

weigerte sich aber konsequent, ihn an sein Land herauszugeben, und unterzog ihn unter seiner Regie einer guten Erziehung. Die Ungarn versuchten daraufhin eine eigenständige

Politik zu betreiben, indem sie zunächst einen Gegenkönig aus dem Haus der Jagellonen wählten und nach dessen Tod 1444 einen ihrer führenden Adligen, Johann Hunyadi, zum Reichsverweser bestimmten. Diese ungeklärte Situation barg auf lange Zeit hinaus ein ständiges Konfliktpotential im innerhabsburgischen Herrschaftsbereich.

Als römisch-deutscher König kam Friedrich, der als ein phlegmatischer, wenig entschlussfreudiger Herrscher galt, zunächst nur am Anfang seiner langen Herrschaft in die deutschen Binnenlande, mied sie dann seit 1444 aber für 27 Jahre. In dieser langen Periode, da er sich zumeist in seinen österreichischen Besitzungen an den südöstlichen Randgebieten des Reichs aufhielt, überließ er das Reich weitgehend sich selbst. Aufkommenden Fehden und kriegerischen Rivalitäten zwischen den Fürsten sah er tatenlos zu. In dem seit 1431 tagenden Reformkonzil von Basel, das die Macht des Papstes zugunsten der Konzilsversammlung einschränken wollte, schlug Friedrich sich bald auf die Seite der päpstlichen Partei. Im Namen der deutschen Nation regelte er mit ihr im Jahr 1448 im Wiener Konkordat das Verhältnis von Kirche und Staat und die Besitzrechte kirchlicher Ämter zwischen Papst und Kapiteln bzw. Landesherren, womit er eine Vereinbarung für die kirchlichen Angelegenheiten schuf, die bis zum Ende des Alten Reichs 1806 Bestand hatte. Federführend war in dieser Politik sein Kanzler Enea Silvio Piccolomini, der spätere Papst Pius II. (reg. 1458–1464), der während seines Pontifikats die Vorrechte gegenüber dem Konziliarismus bekräftigte. Auch wurde durch diese engen Beziehungen zum Papst die Romfahrt Friedrichs möglich, auf die er sich 1452 begab. Mit ihr verfolgte er zwei für seinen Werdegang zentrale Anliegen: seine Verheiratung und seine Krönung zum Kaiser. In Rom traf er erstmals mit seiner Braut, Eleonore von Portugal, zusammen und wurde dort mit ihr getraut. Nur drei Tage später krönte der Papst das Paar zu Kaiser und Kaiserin. Es war das erste Mal, dass ein Habsburger die Kaiserkrone trug. Zugleich war es jedoch die letzte Krönung in der Geschichte des Kaisertums, die in Rom, also am „rechten Ort", vollzogen wurde. Immer mehr verlor der Papst seinen Einfluss auf die Institution des Kaisers, in der die deutschen Akzente gegenüber seinen römischen Traditionen mehr und mehr Gewicht erhielten.

Als Friedrich von Rom zurückkehrte, fand er die donauösterreichischen Stände in Aufruhr. Sie hatten es ihm nicht verziehen, dass er den nunmehr zwölf Jahre alten Ladislaus Postumus mit nach Rom genommen hatte. Der ungarische Reichsverweser Hunyadi fiel mehrfach in Österreich ein, um Ladislaus unter Zwang nach Ungarn zu führen. Jetzt, 1453, als Friedrich von der Kaiserkrönung in Rom zurückkehrte, gelang es den Ständen, Ladislaus für sich zu gewinnen; auch in Böhmen wurde er 1453 nun zum König gekrönt. Doch währte sein Königtum nicht lange; Ladislaus starb bereits 1457. Damit kam die albertinische Linie der Habsburger an ihr Ende. Die Folge waren Streitigkeiten um ihren hinterlassenen Besitz. Die österreichischen Gebiete der Albertiner mit Wien fielen nun vereinbarungsgemäß an die Leopoldiner und damit an Friedrich. In Böhmen wählten die Stände Georg Podiebrad zum König, der von Friedrich später auch Anerkennung fand, in Ungarn erlangte Hunyadis Sohn, Matthias I. Corvinus trotz niederadliger Herkunft dieses Amt. Böhmen und Ungarn waren für die Habsburger damit zunächst wieder verloren, auch wenn ungarische Magnaten noch vergeblich versuchten, Friedrich als Gegenkönig aufzubauen. Corvinus entfaltete sich in seiner neuen Position zu einer bedeutenden Herrscherpersönlichkeit der Renaissance. Die österreichischen Gebiete entlang der Donau, die der verstorbene Ladislaus hinterlassen hatte, gerieten zwischen Friedrich und seinem Bruder, Herzog Albrecht VI., indes zum Zankapfel. Albrecht galt vielen als der fähigere Herrscher. Die Brüder teilten das Land in Nieder- und Oberösterreich unter sich, doch heizte sich der Konflikt zwischen ihnen über divergierende Vorstellungen in der Regierung im Lauf der Zeit so weit auf, dass es 1462 zu einem blutigen Bruderkrieg kam, der Friedrich militärisch schwer in Bedrängnis und damit innerhalb Österreichs auch politisch ins Hintertreffen brachte. Der baldige Tod des Bruders 1463 erlöste ihn aus der unangenehmen Situation, sodass er zu annähernd ungeteilter Souveränität in den Habsburger Gebieten fand. Nur Tirol, das Vetter Sigismund zugeteilt war, behielt auf lange Zeit hinaus noch eine gewisse Eigenständigkeit.

War Friedrich somit auch in seinen eigenen Landen zeitweise bedeutend geschwächt, ganz zu schweigen von

Kaiser Friedrich III. mit Krone, Schwert und Reichsapfel, umgeben von den Wappen seiner Besitzungen, über ihm der Reichsadler, Miniatur des Salzburger Buchmalers Ulrich Schreiner im Greiner Marktbuch, um 1490, Stadtgemeinde Grein

seiner langen Abwesenheit aus den westlichen Zentralgebieten des Reiches, wo er Machtrivalitäten zwischen großen und kleinen Herren tatenlos zusah, sah er sich schließlich verstärkt auch mit dem Expansionsdrang der Türken konfrontiert, die mit der Eroberung Konstantinopels 1453 eine weltgeschichtliche Wende herbeigeführt hatten. Friedrich verhielt sich trotz dieser äußerst problematischen Entwicklungen der Zeit dennoch defensiv. Galt er allgemein als träge, so verfügte er dementsprechend allerdings auch über die Gabe, Konflikten mit Langmut und Geduld zu begegnen und Chancen, die sich seinem Handeln boten, doch rechtzeitig zu erkennen. Von der

Sendung und Auserwähltheit seiner Dynastie war er ganz durchdrungen. Für die Auflösung der rätselhaften Buchstabenkombination „A.E.I.O.U", derer er sich häufig bediente, wurden von der Nachwelt die Leitsprüche Austria Erit In Orbe Ultima (Österreich wird ewig bestehen) oder Austriae est imperare orbi universo (Alles Erdreich ist Österreich untertan) in Vorschlag gebracht. Die von seinem Großonkel Rudolf dem Stifter gefälschten Dokumente, das Privilegium Maius (vgl. oben S. 20), die seiner Dynastie unter anderem eine Rangerhöhung bringen sollten, fanden von ihm gleich nach seiner Krönung zum König offizielle Anerkennung und Bestätigung. Unverkennbar sind in seinem Handeln allerdings auch Bemühungen, sein Königtum durch Maßnahmen wie etwa die einer weiteren Verrechtlichung des staatlichen Handelns zu stärken.

Als Ausgleich zu den Bedrängungen, denen Friedrich im Südosten ausgesetzt war, kam seit Ende der 1460er Jahre im Westen des Reiches mit dem burgundischen Herrschaftsgebiet ein neuer Machtfaktor auf, der für die Habsburger von größter Bedeutung wurde. Die aus französischer Königssippe abstammenden Burgunderherzöge hatten im Lauf des 15. Jahrhunderts zahlreiche einzelne Herrschaften bis hinauf nach Holland erworben und waren im Begriff, ein neues mächtiges Zwischenreich zwischen Deutschland und Frankreich zu schaffen. Herzog Karl der Kühne (reg. 1467–1477) war darum bemüht, sich insbesondere auch von französischem Einfluss frei zu machen, indem er Anstrengungen unternahm, selbst in den Rang eines

Königs erhoben zu werden. Diese Rangerhöhung wollte er von Kaiser Friedrich zugesprochen erhalten und bot im Gegenzug dafür seine Tochter Maria, die als sein einziges Kind die mutmaßliche Erbin des reichen Burgunds war, als Braut für Friedrichs Sohn Maximilian an. Als diesbezügliche Verhandlungen zunächst jedoch scheiterten, richtete Karl seine Aggressionen gegen Gebiete im Reich, besonders in der Schweiz, und mischte sich in einem das Erzbistum Köln betreffenden Vorgang in innere Angelegenheiten Deutschlands ein. Durch diese Händel, insbesondere durch seine Auseinandersetzung mit den Eidgenossen, brachte er sich in eine so schwierige Lage, dass er 1477 in einer Schlacht bei Nancy den Tod fand. Seine Tochter griff die ursprünglichen Pläne dennoch auf und heiratete noch im gleichen Jahr Erzherzog Maximilian, womit die Grundlage für die Habsburger Erbschaft des Burgunderreiches gelegt wurde.

Diese Ehe bedeutete einen Wendepunkt in der europäischen Geschichte: Sie leitete eine Territorialneuverteilung von epochalem Ausmaß ein; mit ihr setzten die Habsburger zum Sprung an die Spitze der europäischen Dynastien an. Frankreich aber fühlte sich in seinen Interessen zutiefst verletzt; so markierte dieses Ereignis zugleich auch den Bruch mit ihm und den Beginn einer fast 300 Jahre dauernden Feindschaft zwischen Deutschland und seinem westlichen Nachbarn.

In seinen eigenen Landen in Österreich sah Friedrich III. sich zur gleichen Zeit durch den Ungarnkönig Matthias Corvinus neuen Bedrohungen ausgesetzt. Dieser strebte nach Einfluss in Böhmen und letztlich auch nach dem Erwerb der Kaiserkrone, woran Friedrich ihn hindern wollte. Aus dieser Konstellation gingen kriegerische Konflikte hervor, bei denen Corvinus in den späten 70er und in den 80er Jahren wiederholt in Österreich einfiel und Friedrich in seinem eigenen Land schwer in die Defensive drängte. 1485 besetzte er für zwei Jahre Wien. Friedrich versuchte vom Reich aus Unterstützung für die Rückeroberung seiner Erblande zu organisieren, was erst nach dem Tod des Corvinus 1490 gelang.

In dieser Situation, die das Reich als Ganzes bedrohte, konnte Friedrich III. 1486 die Wahl seines Sohnes Maximilian zum römisch-deutschen König durchsetzen. Damit hatte er die Nachfolge gesichert, doch wollte er seinem Sohn zu Lebzeiten keinerlei Regierungsbeteiligung einräumen. Nötige Reformen des Reiches wurden dadurch unnötig lange blockiert. Am 19. August 1493 verstarb Kaiser Friedrich in Linz. Mehr als ein halbes Jahrhundert, länger als alle seine Vorgänger, hatte er auf dem Königs- und Kaiserthron gesessen. Allein diese ungewöhnlich lange Dauer seiner Herrschaft hatte ihm manchen Erfolg gebracht, indem er viele seiner Gegner – seinen Bruder Albrecht, Karl den Kühnen oder den Ungarnkönig Corvinus – schlicht und einfach überlebte.

MAXIMILIAN I. UND DIE EUROPÄISCHE EXPANSION DER HABSBURGER

Maximilian war der einzige überlebende Sohn von Kaiser Friedrich III. Früh, im Alter von acht Jahren, verlor er seine Mutter und wuchs ohne Erzieher oder Berater auf. Sein Wesen später war daher durch eine gewisse Unbeständigkeit und Kurzatmigkeit seines Vorgehens gekennzeichnet. Dennoch sollte er zu einer der herausragenden Herrscherfiguren der Habsburger heranwachsen. Doch wurde gesagt, diese verdanke sich mehr glücklichen Umständen als eigenem Verdienst.

Das Erbe Burgunds

Er war 18 Jahre alt, als er mit der Erbin Burgunds, Maria, der Tochter Karls des Kühnen verheiratet wurde. Persönlich war es für ihn eine sehr glückliche Begegnung. Der Ehe entsprossen bald Kinder: Philipp, genannt der Schöne, und Margarete, ein weiterer Sohn starb früh. Politisch aber war diese Ehe nichts weniger als eine Herausforderung für Frankreich. Mit der Geburt Philipps wusste der französische König, der dank einschlägiger Verwandtschaft mit der Herrscherfamilie selbst Anspruch auf Burgund erhob, dass ein Habsburgersohn der Erbe dieses Landes sein würde. Er fiel daher im Land ein und verwüstete es. Doch Maximilian stellte sich dem Kampf. Dank englischer Hilfsgelder konnte er am 7.8.1479 bei Guinegate/Thérouanne einen glänzenden Sieg gegen die Franzosen erlangen. Und doch konnte dieser Triumph seine Stellung in Burgund selbst zunächst nicht sicher begründen.

Das Jahr 1482 brachte in Maximilians Leben eine dramatische Wende. Seine Frau, Maria, erlag 24-jährig den Folgen eines Reitunfalls. Da er ihr in Liebe verbunden gewesen war, bedeutete dieser Tod für ihn persönlich einen Verlust, den er nie verwinden sollte. Vor allem brachte dieses Unglück seine eigene Position in Burgund in Gefahr, denn hier galt er nur als Eingeheirateter und daher als Landfremder. Andererseits war er der Vater der Erben des Landes. Ihre Interessen zu wahren, war ihm Pflicht, und in ihrem Namen übernahm er die Regentschaft. Doch stieß Maximilian auf Widerstand der burgundischen Stände, der sich in den größten Städten, Gent und Brügge, konzentrierte. Die Stände nahmen Maximilians Kinder unter ihre Obhut und erzwangen 1482 einen ungünstigen Frieden mit Frankreich. Zur Bekräftigung dieses Abkommens lieferten die Stände die gerade zweijährige Tochter Maximilians, Margarete, an Frankreich aus, um sie mit dem französischen Thronfolger Karl zu verloben. Sogleich war auch die Mitgift, die Freigrafschaft Burgund (der südliche Teil des damaligen burgundischen Einflussgebietes mit der Hauptstadt Besançon), abzugeben. Unter ent-

Kaiser Maximilian I. (links) mit seiner Familie, rechts seine Tochter Margarete, zwischen ihnen Sohn Philipp der Schöne (1478–1506), vorn die Enkel Ferdinand und Karl, rechts Ludwig von Ungarn, Gemälde von Bernhard Strigel, nach 1515, Kunsthistorisches Museum, Wien

würdigenden Umständen sollte Karl dieses Verlöbnis knapp zehn Jahre später brechen, sollte dann aber auch gezwungen sein, die Freigrafschaft wieder herauszugeben.

Im Jahr 1486 wurde Maximilian in Frankfurt zum römisch-deutschen König gewählt und damit zum Nachfolger seines Vaters im Reich bestimmt. Zum Ende des Jahrzehnts hielt er sich wieder in Flandern auf, wo es jetzt zu einer harten Konfrontation mit den Ständen kam. In Brügge hat man ihn 1488 gefangen genommen; einige seiner Leute wurden hingerichtet. Aus dieser äußerst bedrängten Lage musste ihn sein Vater Kaiser Friedrich mit Hilfe eines Reichsheeres befreien, woraufhin 1489 in Frankfurt ein Frieden mit den Ständen geschlossen werden konnte. Maximilian kehrte nicht mehr oft nach Burgund zurück, sondern ließ das Land durch einen Statthalter, Albrecht von Sachsen, regieren. Diesem gelang es, die Habsburger Herrschaft in diesem Landesteil allmählich zu festigen.

Zu dieser Zeit musste Maximilian seinen Blick freilich nach Osten wenden, wo Corvinus die österreichischen Erbländer besetzt hielt. Nach dem Tod des Corvinus 1490 gelang es Maximilian, die Ungarn zu vertreiben und die alten Besitzungen der Familie zurückzuerobern. Sogleich unterzog er sie einer grundlegenden Verwaltungsreform, die nicht zuletzt eine Ausweitung seines Einflusses gegenüber den Ständen und eine Steigerung seiner Einnahmen zum Ziel hatte. Mit dem Nachfolger des Corvinus in Ungarn, Wladislaw Jagiello, der seit 1471 zugleich auch König von Böhmen war, schloss er bereits damals einen Vertrag, der für seine spätere Heiratspolitik von Bedeutung wurde, durch den er die Ansprüche der Habsburger auf die Kronen Böhmens und Ungarns zumindest wahrte und den Titel eines Königs von Ungarn führen durfte.

Die Reform des Reiches 1495

Als sein Vater, Kaiser Friedrich III., 1493 starb und er als deutscher König Oberhaupt des Reiches wurde, nahm er sich auf dem Reichstag in Worms 1495 endlich das Projekt der seit langem überfälligen, tief greifenden Reform des Reiches vor. In Worms wurde ein „ewiger Landfriede" verkündet und ein ständig tagendes, vom König unabhängiges Reichskammergericht eingerichtet, womit die Fehde als bis dahin gültige Form der Eigenhilfe bei der Durchsetzung von Rechten verboten wurde. Darüber hinaus beschlossen die Reichsstände mit der Erhebung eines „Gemeinen Pfennigs" eine allgemeine Steuer. Weitergehende Versuche, ein eigenes Finanzwesen des Reiches aufzubauen, scheiterten jedoch am Mangel eines eigenen Reichsbeamtentums; weder die Fürsten noch die Kirche ließen sich für das Einziehen der Steuern gewinnen. Die Errichtung einer eigenen, vom Kaiser nicht direkt abhängigen Reichsregierung scheiterte vorerst ebenfalls – dieses an Maximilian, der die Regierungsfunktion stärker seiner eigenen Hofkanzlei und seinem Hofrat vorbehalten wollte. Doch wurde der Reichstag als Institution aufgewertet, indem man jährliche Tagungen vereinbarte und die Stände des Reiches (außer den Reichsrittern) sich künftig in den drei Kurien des Kurfürs-

Reichstag in Worms, 1495, Maximilian I. im Kreis von sechs Kurfürsten, zeitgenössischer Holzschnitt

tenrats, des Reichsfürstenrats und des Reichsstädterats berieten. In den folgenden Jahren kam es zu weiteren Reformen der Reichsverfassung, so (außer in Böhmen und der Eidgenossenschaft) insbesondere zur Einteilung des Reiches in Reichskreise, an die die Erledigung bestimmter hoheitlicher Aufgaben und Verpflichtungen des Reiches delegiert wurden.

Mitte der 90er Jahre entfaltete Maximilian verstärkt auch außenpolitische Aktivitäten. Sein Augenmerk galt zunächst Italien: Hatte er sich 1494 in zweiter Ehe mit Bianca Maria Sforza, Tochter des Herzogs von Mailand, verheiratet, was ihm eine reiche Mitgift, aber weder Eheglück noch weitere Nachkommen einbrachte, so versuchte er im Jahr danach in der „Liga von Venedig" ein internationales Bündnis gegen Frankreich, das in Norditalien eingedrungen war, zu schmieden. Das Zusammenwirken der Partner war freilich labil, dauerhafte Erfolge konnten sie nicht erzielen, und Maximilian musste unverrichteter Dinge von seinem ersten Italienzug zurückkehren.

Maximilians glückliche Heiratspolitik

Letztlich gegen Frankreich gerichtet war auch eines der Meisterstücke seiner weit ausgreifenden Heiratspolitik, das er damals in Angriff nahm. Um dieses Land politisch einzukreisen, verheiratete er seine beiden Kinder Philipp und Margarete in den Jahren 1496 und 1497 mit den Kindern des spanischen bzw. kastilisch-aragonesischen Königshauses. Dynastisches Glück war den Habs-

Kaiser Maximilian I. (reg. 1493–1519), Gemälde von Alfred Rethel, Kaisersaal Frankfurt

burgern beschieden, als Margaretes Mann Johann, der spanische Thronerbe, schon kurz nach der Hochzeit starb und das Erbe so auf das Ehepaar Philipp-Johanna fiel. Philipp wurde zunächst Mitregent im kastilischen Erbteil, das von seiner

„Tu felix Austria nube"
Die Heiratspolitik der Habsburger um 1500

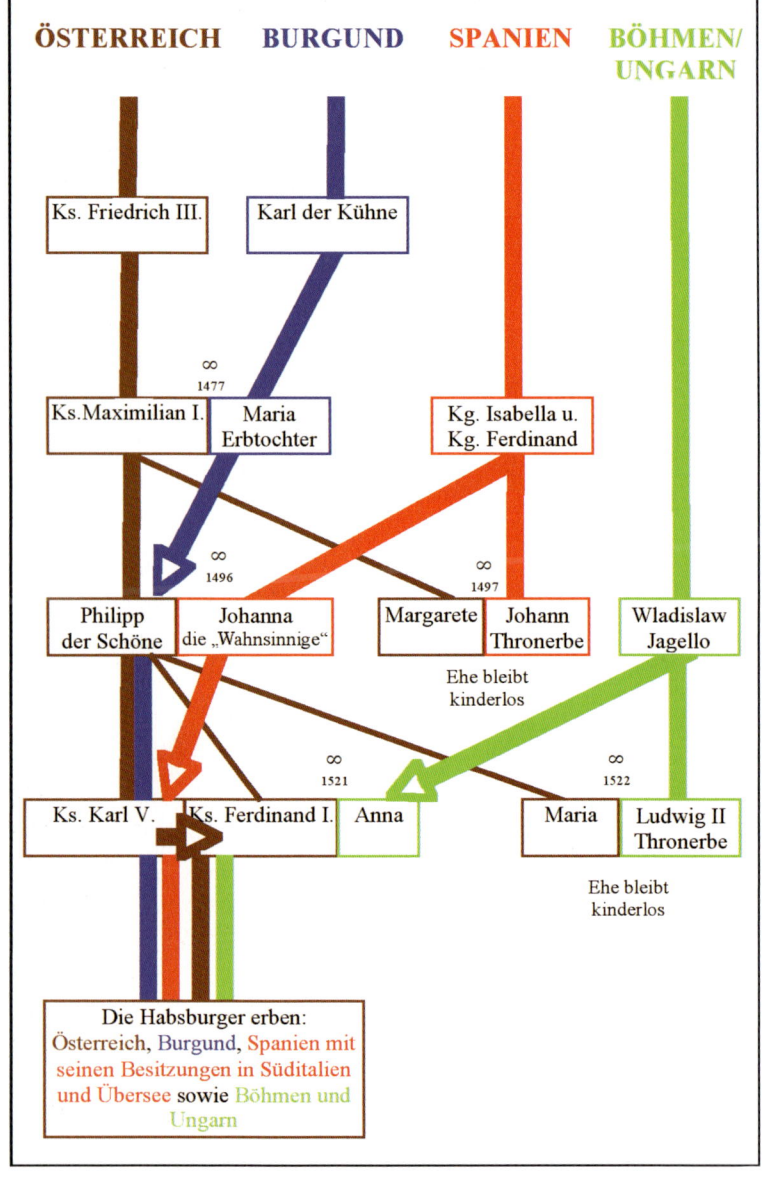

ÖSTERREICH   BURGUND   SPANIEN   BÖHMEN/UNGARN

Ks. Friedrich III.

Karl der Kühne

∞ 1477

Ks.Maximilian I.   Maria Erbtochter

Kg. Isabella u. Kg. Ferdinand

∞ 1496

Philipp der Schöne   Johanna die „Wahnsinnige"

Margarete   Johann Thronerbe

Wladislaw Jagello

∞ 1497

Ehe bleibt kinderlos

∞ 1521

∞ 1522

Ks. Karl V.   Ks. Ferdinand I.   Anna

Maria   Ludwig II Thronerbe

Ehe bleibt kinderlos

Die Habsburger erben: Österreich, Burgund, Spanien mit seinen Besitzungen in Süditalien und Übersee sowie Böhmen und Ungarn

In dem halben Jahrhundert zwischen 1477 und 1526 gelang es den Habsburgern, in europäische Dimensionen vorzustoßen, indem sie ihre Territorialmacht von ihrem alten Hausbesitz in Österreich ausgehend durch eine geschickte und glückliche Heiratspolitik um ein Vielfaches zu vermehren verstanden.

Dank der Heirat Maximilians I. mit Maria, der Erbtochter Burgunds 1477 erbten die Kinder aus dieser Ehe, Philipp der Schöne und Margarete, die Länder ihrer beiden Eltern, also Österreich und Burgund.

Bei den folgenden Heiratsprojekten führte Kaiser Maximilian als Vater und als Großvater die Regie. Philipp und Margarete, seine Kinder, wurden in einer Doppelehe 1496/97 mit dem Thronfolger (Johann) und der Tochter des spanischen Königspaars (Johanna, „die Wahnsinnige") verheiratet. Dieses Projekt war nicht mit der Aussicht auf das Erbe Spaniens geschlossen worden, sondern diente ursprünglich der machtpolitischen Einhegung Frankreichs. Wider Erwarten starb der spanische Thronfolger jedoch sehr schnell, ohne dass er mit seiner Frau Margarete Kinder hinterlassen hätte. So ging das Erbe auf die spanische Königstochter, Johanna, über; ihr Mann Philipp wurde daher noch Mitregent und König von Kastilien, ihre Nachkommen, beginnend mit Karl, erbten die Krone Spaniens.

Da der Besitz nun so groß geworden war, teilte Karl ihn mit seinem Bruder Ferdinand: Karl begründete die spanische Linie, der auch die Niederlande (Burgund) zugeteilt wurden; hinzu kamen Besitzungen in Süditalien und in den überseeischen Gebieten. Ferdinand erhielt die österreichischen Erblande. Durch mehrere Heiraten unter den Nachkommen blieben beide Linien sich eng verbunden.

Die dritte große Erweiterung, nämlich die um Ungarn und Böhmen, erfolgte 1526. Ausgangspunkt dafür war wiederum eine Doppelehe. Ferdinand und seine Schwester Maria wurden von ihrem Großvater schon in frühester Kindheit für Ehen mit einem Sohn und einer Tochter von Wladislaw Jagello, der in diesen Ländern die Königskrone trug, vorgesehen. Da der jagellonische Königssohn und Thronfolger Ludwig II. ohne Nachkommen zu hinterlassen in einer Schlacht mit den Türken nach kurzer Ehe ums Leben kam, ging auch hier das Erbe auf seine Schwester Anna über, die es in ihre Ehe mit Ferdinand und damit in den Habsburger Herrschaftsbereich einbrachte. Seit 1526/27 waren Böhmen und Ungarn bis 1918 daher Bestandteil der Habsburgermonarchie.

1580 erbte der spanische Zweig schließlich noch Portugal (hier nicht dargestellt). Damit waren die Habsburger auf dem historischen Höhepunkt ihrer Machtstellung.

Schwiegermutter Königin Isabella auf ihn gekommen war, und am Ende seines Lebens sogar noch Alleinregent. Als Philipp I. war er der erste Habsburger auf dem spanischen Thron (siehe Schaubild S. 38).

Frühzeitig hatte Maximilian sich auch bemüht, die Ansprüche Habsburgs auf Böhmen und Ungarn durch Heiratsverbindungen zu untermauern und daher schon bei der Geburt weiterer Enkel – Ferdinand im Jahr 1503 und seiner Schwester Maria 1505 – entsprechende Pläne geschmiedet. Maximilian stellte hier Weichen und nahm Optionen in den Blick, die zwanzig Jahre später mit denkbar großer historischer Fernwirkung realisiert werden sollten.

Ein anonymer Dichter brachte die außerordentliche Fortüne dieser Heiratspolitik mit einer berühmten Formulierung auf den Punkt als er schrieb: „Bella gerant alii, tu felix Austria nube" („Mögen andere Länder Kriege führen, du glückliches Österreich heirate."). Hier wurde mit Heirat Weltgeschichte geschrieben. Maximilian war in vielerlei Hinsicht der Repräsentant eines Zeitalters des beschleunigten Übergangs vom Mittelalter zur Neuzeit. In seinem Handeln und Tun vermischten sich beide Epochen. Aus der Rückschau wurde er als der „letzte Ritter" bezeichnet. Er hatte sich persönlich an Turnieren beteiligt und war, unmittelbar vor dem Aufkommen der Söldnerheere, mit seinen Kriegern noch selbst in den Kampf gezogen. Auch war er der erste Habsburger, der Oberhaupt des von den Burgunderherzögen gegründeten Ordens vom Goldenen Vlies wurde, jenem höchst exklusiven Ritterorden, der künftig eine Domäne seines Hauses sein sollte. Zugleich war er ein großer Förderer des Humanismus und brachte durch seine Reformbemühungen weitreichende Neuerungen in der Reichsverfassung und -verwaltung zustande. Der lange währende Prozess des Rückgangs des päpstlichen Einflusses auf das deutsche Königtum kam darin zum Ausdruck, dass er sich – da er auch auf seinem zweiten Italienzug nicht bis nach Rom hatte durchdringen können – ohne Krönung durch den Papst, aber mit dessen Zustimmung seit 1508 den Titel „erwählter Kaiser" zulegte. Am Ende seines Lebens – er starb 1519 – wurde er noch Zeuge der beginnenden Reformation. Die harte Konfrontation mit ihr, die dem Haus Habsburg bevorstand, sollte aber seinem Enkel Karl V. vorbehalten bleiben. Das immense Reich, über das dieser dann gebot, war aber das Werk seines Großvaters, dem es durch Glück und Geschick gelungen war, von Österreich ausgehend den Umfang der Habsburger Hausmacht während seiner Herrschaftszeit zu vervielfachen und damit in gänzlich neue Dimensionen vorzustoßen.

5. DIE KAISERBRÜDER KARL V. UND FERDINAND I. – Höhe- und Wendepunkt der Habsburger Macht

Als um 1500 die Erzherzöge Karl, Ferdinand und ihre vier Schwestern geboren wurden, zeichnete sich bereits ab, dass die Habsburger auch Spanien erben würden. Die Familienaktivitäten erstreckten sich zu diesem Zeitpunkt daher auf die weit auseinander liegenden Gebiete in Österreich, Burgund (Niederlande) und der Iberischen Halbinsel. Philipp der Schöne und Johanna von Spanien („die Wahnsinnige"), die Eltern dieser Geschwister, wechselten ihren Standort mehrfach zwischen Burgund und Spanien, was zur Folge hatte, dass ihre Kinder an unterschiedlichen Orten zur Welt kamen. Mehr noch: Da Länderreisen damals ebenso aufwendig wie langwierig waren, wuchsen die Kinder ohne direkten Kontakt zu einem Teil ihrer Geschwister und allernächsten Verwandten auf. Karl und drei seiner Schwestern wurden in Gent und Brüssel, Ferdinand und ihrer aller jüngste Schwester, Katharina, aber in Spanien geboren. Hinzu kam, dass ihr Vater Philipp bereits 1506 verstarb und die Mutter, Johanna, daraufhin ganz in Spanien blieb. Die Eltern vermochten ihre Kinder damit nicht mehr in eine lebendige Geschwistergemeinschaft zu integrieren, und allenfalls die ältesten konnten

Kaiser Karl V. (reg. 1519–1556), Gemälde von Alfred Rethel, Kaisersaal Frankfurt

noch rudimentäre Erinnerungen an sie haben. Während Ferdinand und Katharina unter der Obhut ihres Großvaters mütterlicherseits, König Ferdinand von Aragonien, heranwuchsen, wurden die burgundischen Geschwister von ihrer verwitweten Tante Margarete, die vom Familienoberhaupt auf Habsburger Seite, Kaiser Maximilian, zur Regentin der Niederlande erhoben wurde, am Hof von Mecheln erzogen. Margarete ließ dem ihr anvertrauten Neffen, dem Thronfolger, und den Nichten eine gute Fürsorge angedeihen, Karl vertraute sie später dem Philosophen und Theologen Adrian von Utrecht (Adriaan Florisz.), dem nachmaligen Papst Hadrian VI., an.

Kaiser Ferdinand I. (reg. 1556–1564), Gemälde von Johann Nepomuk Ender, Kaisersaal Frankfurt

König von Spanien und Kaiser im Reich

1516 starb König Ferdinand von Aragonien, womit der spanische Thron vakant wurde. Karl, der kurz zuvor schon für großjährig erklärt worden war, begab sich im folgenden Jahr von seiner Heimat Burgund nach Spanien, wo er als Karl I. inthronisiert wurde. Im Alter von 17 Jahren traf er hier zum ersten Mal in seinem Leben auf seinen jüngeren Bruder Ferdinand. Um Machtrivalitäten gar nicht erst aufkommen zu lassen, schickte er ihn nach Österreich, wo Ferdinand seinerseits zum ersten Mal auf seinen Großvater Kaiser Maximilian traf. Nie mehr sollte Ferdinand nach Spanien, dem Land seiner Geburt und seiner Kindheit, zurückkehren; stattdessen sollte er zum Begründer der österreichischen Linie der Habsburger werden.

Karl gelang es unterdessen, in Spanien, das ihm zunächst gänzlich fremd gewesen war, Fuß zu fassen; auch erkannte er die großen (materiellen) Ressourcen dieses Landes, die durch die jetzt in Gang kommende Kolonialisierung Mittel- und Südamerikas entstanden. Burgund empfand er als seine Heimat, Spanien wurde ihm aber mehr und mehr zur neuen Heimat. Die deutschen Gebiete aber waren ihm noch fremd, als ihn 1519 die Nachricht vom Tod seines väterlichen Großvaters, Kaiser Maximilian, erreichte und damit die deutsche Kaiserkrone für ihn in den Blick kam. Die jetzt anstehende Königswahl war eine der am heftig umstrittensten in der frühen Neuzeit. Der französische König Franz I., mit dem er sich wenige Jahre zuvor noch in einem Freundschaftsvertrag und dem Plan einer habsburgisch-französischen Heirat verbunden hatte, gab sich jetzt als sein Gegner zu erkennen. Mit Rückendeckung des Papstes wurde Franz ebenfalls als Kandidat für den deutsch-römischen Königsthron ins Spiel gebracht. Doch die Kurfürsten misstrauten beiden, sowohl dem französischen König als auch dem Papst, und der sächsische Kurfürst Friedrich der Weise, den die Kurie ebenfalls zu einer Kandidatur animieren wollte, verweigerte sich einer Nominierung. Hohe Bestechungsgelder des den Habsburgern wohlgesinnten Bankhauses der Fugger an die Kurfürsten taten ein Übriges, dass Karl schließlich doch einstimmig gewählt wurde. Kurz nach seiner Krönung zum deutschen König 1520 in Aachen nahm er mit Billigung des Papstes wie bereits sein Großvater den Titel „Erwählter Römischer Kaiser" an. Eine formelle Kaiserkrönung durch den Papst erfolgte erst 1530 in Bologna. Historisch war es die letzte Krönung, die der Papst vornahm.

Kaiser Karl V. und Ferdinand I. im Kampf gegen die Türken, im Hintergrund das belagerte Wien; Miniatur in der Nachfolge Giulio Clovios nach einem Kupferstich des Dirk Volkertsz. Coornhert nach Vorlagen von Maarten van Heemskerck, Italien, um 1556, British Library London

Deutschland im Zeichen der Glaubensspaltung und der Bedrohung durch die Türken

In Deutschland sah Karl, der nun auch nachhaltige Prägungen durch den markanten, vom erfolgreichen Kampf gegen die jahrhundertelange muslimische Okkupation beflügelten Katholizismus Spaniens erhielt, sich sogleich mit der beginnenden Reformation konfrontiert, deren Auswirkungen sein gesamtes politisches Leben bestimmen sollten. Luther hatte mit seinen Thesen gegen das überbordende kirchliche Ablasswesen und für eine Erneuerung des Glaubens seit 1517 denkbar große Aufmerksamkeit erregt. Von der Kirche zur Rücknahme aufgefordert, blieb er standhaft und wurde zu Beginn des Jahres 1521 vom Papst daher gebannt. Daraufhin nahm sich Karl persönlich den Vorgängen an, indem

Wormser ~~Konzil~~ Reichstag

er Luther wenige Wochen später unter Zusicherung freien Geleits auf den Reichstag nach Worms vorlud. Auch hier verweigerte sich Luther einem Widerruf, woraufhin er auch vom Kaiser in Acht getan wurde (Wormser Edikt). Von dem reformatorisch gesinnten Kurfürsten Friedrich dem Weisen auf der Wartburg vor einem Zugriff des Kaisers in Sicherheit gebracht, übersetzte Luther daraufhin die Bibel ins Deutsche. Neben den religionspolitischen Entscheidungen brachte der Reichstag von Worms auch die Einsetzung eines Reichsregiments, eines ständisch fürstlichen Ausschusses, der während der Abwesenheit des Kaisers die Reichsgeschäfte führen sollte und der in den folgenden Jahren verschiedene Initiativen zur Reform des Reiches unternahm. Familienpolitisch nahm Karl zu diesem Zeitpunkt ebenfalls eine wichtige Entscheidung vor, indem er 1521/22 die österreichischen Erblande nun an seinen Bruder Ferdinand abtrat und ihn für die Zeit seiner Abwesenheit von den deutschen Gebieten als Statthalter dem Reichsregiment zuordnete. Ferdinand hatte damit Aussicht, als größter Territorialherr zu einer bestimmenden Größe im Reich heranzuwachsen.

Unter diesen Auspizien verließ Karl das Reich wieder und hielt sich in der Folge für mehr als acht Jahre außerhalb Deutschlands auf. In dieser Zeit war er vor allem in Kriege mit Franz I. von Frankreich verwickelt, die in Italien ausgetragen wurden. Diese Auseinandersetzungen gipfelten in der Schlacht bei Pavia am 24. Februar 1525, in der Karl einen überlegenen Sieg errang und es ihm darüber hinaus gelang, König Franz gefangen zu nehmen. Im Frieden von Madrid konnte er Franz zum Verzicht auf das Herzogtum Burgund und zur Aufgabe seiner Ansprüche in Italien zwingen. Zugleich versuchte er, ihn für eine Unterstützung gegen die Türken zu gewinnen, die im Osten des Reiches und im Mittelmeer seinen Einflussbereich bedrohten.

Nachdem mehrere Heiratsprojekte gescheitert waren, heiratete Karl im Jahr 1526 in Sevilla Isabella, Infantin von Portugal. Diese Ehe brachte ihm mit einer Million Dukaten eine Mitgift in exorbitanter Höhe ein, darüber hinaus aber vor allem persönliches Glück und schließlich Nachkommen, die die spanische Linie der Habsburger begründeten. Im gleichen Jahr jedoch brach bereits der zweite Krieg gegen Franz I. aus, der sich mit Papst Clemens VII. sowie Venedig, Florenz und Mailand in der Liga von Cognac gegen Karl verbündet und Kontakte zu den Osmanen aufgenommen hatte. Während dieser Auseinandersetzung, da auch der Papst sich gegen Karl gestellt hatte, kam es 1527 im „Sacco di Roma" zu einer dramatischen Plünderung und Brandschatzung Roms durch deutsche Landsknechte, die das Ende der Renaissance und den Anfang der Erneuerung der Kurie einläuteten. Der zweite Krieg zwischen Kaiser Karl und König Franz wurde 1529 durch den „Damenfrieden" von Cambrai, der auf Initiative weiblicher Verwandter beider Königshäuser zustande kam, beendet.

Sein Bruder Ferdinand hatte sich unterdessen bemüht, in Österreich und im Reich die Habsburger Position zu vertreten und zu festigen. In Österreich wurde er mit seinen spanischen Beratern zunächst als landfremd angesehen und sah sich Widerständen gegenüber, die er ebenso blutig niederschlagen ließ wie die Bauernaufstände im Gefolge der Reformation 1525. Es gelang ihm aber doch, sich in seinem neuen Herrschaftsbereich allmählich zu etablieren und mehr als das: ihn um Ungarn und Böhmen beträchtlich zu erweitern. Schon zu Beginn seiner Ankunft in Österreich waren die Heiratspläne, die sein Großvater schon während seiner Kindheit für ihn und seine Schwester Maria geschmiedet hatte, in die Tat umgesetzt worden und die Doppelehe mit den Kindern des Jagellonenkönigs, der über Ungarn und Böhmen herrschte, abgeschlossen. In der Schlacht von Mohács gegen die Türken 1526 kam der ungarische Thronfolger zu Tode, so dass auch hier das Erbe auf die Schwester und den Schwager, also Ferdinand fiel. Wiewohl der Antritt des Erbes gerade in Ungarn nicht ohne Widerstände verlief und Ferdinand vorerst nur die westlichen Teile in seine Hand bekam, war es doch der Beginn der bis 1918 kontinuierlich dauernden Habsburger Herrschaft über die Donauländer. Mit Böhmen hatten die Habsburger darüber hinaus nun eine Kurstimme bei den künftigen Königswahlen im Reich. Ferdinand machte sich bald daran, diesen großen Länderkomplex durch eine Zentralisierung und Neustrukturierung der Verwaltung zu integrieren – eine Reform, die über Jahrhunderte hinweg Bestand hatte. Zwei große Gegner bedrohten die Habsburger Herrschaft im Reich und

in Österreich: im Inneren die Reformation, im Äußeren die Türken. 1529 lagerten die Türken erstmals vor Wien, konnten die Stadt jedoch nicht einnehmen und zogen wieder ab. Doch ihr Expansionsdrang blieb dauerhaft eine Gefahr und beschäftigte Karl auch in anderen Gegenden, so vor allem im westlichen Mittelmeer.

Diese große äußere Bedrohung band so viel Kraft, dass sie die Habsburger daran hinderte, entschlossen gegen jene Fürsten und Städte vorzugehen, die sich unterdessen der Reformation angeschlossen hatten. Auf eine militärische Konfrontation mit den Protestanten hätten sie es vor diesem außenpolitischen Hintergrund damals nicht ankommen lassen können, doch hoffte Karl zu diesem Zeitpunkt ohnehin noch, die Glaubensspaltung durch eine rein theologische Einigung noch beilegen zu können. 1530 kehrte er wieder in das Reich zurück, um sich diesem Problem zu widmen. Auf dem Reichstag zu Augsburg wurde in seiner Anwesenheit das von Melanchthon formulierte Glaubensbekenntnis der Lutheraner, die „Augsburger Konfession" verlesen. Doch auch jetzt wollte eine theologische Einigung nicht gelingen; die Spaltung zwischen altem und neuem Glauben vertiefte sich weiter. Die protestantischen Reichsstände reagierten auf die politische Bedrohung, die sie aus dieser Konstellation befürchteten, 1531 unter Führung Hessens und Kursachsens durch Zusammenschluss in dem defensiv angelegten Schmalkaldischen Bund. Die schwierige Situation ließ sich zunächst nicht entscheiden, und unter dem Eindruck der Bedrohung durch die Türken musste der Kaiser den Protestanten bis auf Weiteres die Ausübung ihres Glaubens gewähren. Im Folgenden unternahm Karl immer wieder Versuche, auf friedlichem Wege zu einer Einigung zu kommen, sei es, dass man ein Konzil ankündigte, das die strittigen theologischen Fragen klären sollte, sei es, dass Vertreter beider Seiten direkt das Religionsgespräch suchten.

Zugleich versuchte Karl, der jetzt nach der Krönung in Bologna die Kaiserkrone trug, jedoch die Position seines Bruders und Stellvertreters im Reich zu stärken, indem er ihn 1531 zum römisch-deutschen König wählen ließ. Ferdinand hatte damit die formell anerkannte Position des Nachfolgers seines Bruders im Amt des Kaisers inne. Davon durften sich die Habsburger eine größere Autorität im Reich erhoffen, zumal Karl in den 30er und 40er Jahren verstärkt wieder durch Aktivitäten außerhalb Deutschlands in Anspruch genommen war. Im Mittelmeer war er damit beschäftigt, seinen Einflussbereich gegen türkische Flotten und nordafrikanische Seeräuber aus den sogenannten Barbaresken-Staaten zu sichern. 1534 eroberte er Tunis, ohne jedoch nachhaltige Erfolge erzielen zu können. Auch mit Franz I., der sich an die früher vereinbarten Friedensabkommen nicht gebunden fühlte und bald wieder Ansprüche auf Mailand, dann wieder auf die Niederlande erhob, kam es 1536–38 und 1542–44 zum dritten und vierten Mal zum Krieg.

Karl V. auf dem Höhe- und am Wendepunkt seiner Macht

Das Verhältnis zwischen den beiden Habsburger Brüdern war nicht leicht. Zwar hatte Karl Ferdinand im Reich eine autoritative Stellung verschafft, gleichwohl beharrte er auf seinem Vorrecht und war sich seiner Würde als Kaiser wohl bewusst. Dabei zeigte er wenig Gespür für die schwierigen Verhältnisse in Deutschland, insbesondere nicht gegenüber den nicht minder machtbewussten Territorialfürsten des Landes, die er immer mehr seiner Vorrangstellung unterwerfen wollte. Ferdinand war hingegen offener und fand sich leichter zum Ausgleich mit den konfessionellen und politischen Gegnern bereit. Immer mehr lief die Glaubensspaltung auf eine militärische Konfrontation hinaus. Zwar schien mit der Eröffnung des Konzils in Trient 1545 endlich Bewegung in diese Frage zu kommen. Doch die Protestanten, die statt eines Generalkonzils unter Beteiligung des Papstes ein Nationalkonzil gefordert hatten, blieben dieser Veranstaltung fern. Da weitere Vermittlungen scheiterten, kam es 1546–47 schließlich doch zum Ausbruch eines kurzen Krieges zwischen den beiden Konfessionen in Deutschland, dem Schmalkaldischen Krieg. Kaiser Karl konnte ihn in der Schlacht bei Mühlberg am 24. April 1547 durch einen überlegenen Sieg für sich entscheiden. Die Führer der protestantischen Fürsten, Landgraf Philipp von Hessen (der Gutmütige) und Kurfürst Friedrich Johann von Sachsen, gerieten dabei in seine Gefangenschaft, in der sie viele Jahre zu verharren hatten.

Diese außerordentliche Gelegenheit glaubte Karl dazu nutzen zu können, die protestantischen Fürsten nun auch machtpolitisch zu degradieren. Zunächst erkannte er seinem Gefangenen, Friedrich Johann, dessen Würde als Kurfürst ab und übertrug sie auf dessen Verwandten aus der albertinischen Linie des sächsischen Hauses, Moritz von Sachsen, der sich im Krieg gegen die Protestanten mit ihm verbündet hatte. Auf dem „geharnischten" Reichstag zu Augsburg 1547/48 spielte Karl seine neu gewonnene Machtstellung dann weiter gegen die Protestanten aus. Zwar gestand er ihnen bis auf Weiteres den Laienkelch und die Priesterehe zu, verfolgte aber das Ziel, sie am Ende doch wieder in die Bahnen der alten Kirche zurückzuzwingen (Augsburger Interim).

In diesem Vorgehen gegen die Protestanten schälten sich allerdings immer mehr grundlegende verfassungsrechtliche Interessen heraus, die über eine bloße religionspolitische Marginalisierung seiner Gegner weit hinausreichten. Karl glaubte angesichts der aktuellen Schwäche der protestantischen Fürsten eine Chance zu sehen, seine Position als kaiserlicher Monarch gegenüber den deutschen Territorialfürsten, also auch gegenüber den katholischen, generell aufwerten zu können. Nun strebte er nichts Geringeres als eine frühabsolutistische Universalmonarchie an, der sich die Fürsten, die in der eher föderativ angelegten Struktur des Reiches einen beträchtlichen Einfluss gewonnen hatten, unterzuordnen gehabt hätten. In diesem Zusammenhang versuchte er wenig

später, die Kaiserwürde, für die seit 1531 Ferdinand vorgesehen war, künftig für seinen Sohn Philipp und damit für die spanische Linie zu sichern, und verlieh dieser Absicht durch Heranziehen spanischer Söldnertruppen Nachdruck. Karl war dabei, den Bogen zu überspannen und seinen Sieg von Mühlberg zu verspielen. Denn selbst und gerade unter seinen Konfessions- und Bündnispartnern provozierte er mit diesem Vorgehen eine denkbar starke Opposition gegen sich. Unter maßgeblicher Beteiligung des von ihm nach dem Schmalkaldischen Krieg begünstigten Moritz von Sachsen kam es Anfang der 50er Jahre so zu einer Verschwörung der Fürsten gegen ihn, der sich darüber hinaus auch sein alter Rivale Frankreich anschloss. Schnell wurde der Kaiser militärisch nun völlig in die Defensive gedrängt, was so weit reichte, dass er vor den Truppen der Fürsten die Flucht ergreifen musste. Seine Position in Deutschland brach zusammen.

Es lag nun an Ferdinand, die Initiative zu ergreifen und einen Ausgleich zu finden, was bis auf Weiteres mit dem Vertrag von Passau 1552 gelang. Die beiden noch immer gefangenen protestantischen Fürsten, Philipp von Hessen und Johann Friedrich von Sachsen, wurden jetzt endlich wieder in die Freiheit entlassen und Verhandlungen mit den Protestanten in Aussicht gestellt, die einen dauerhaften und tragfähigen Religionsfrieden herbeiführen sollten. Karl versuchte wenige später (1552/53) militärisch noch einmal gegen seinen alten Rivalen Frankreich, der im Einverständnis mit den gegen ihn rebellierenden deutschen Fürsten die

Reichsstadt Metz und andere Städte besetzt hatte, vorzugehen, doch seine Initiative blieb auch hier erfolglos. Sein gänzliches Scheitern in Deutschland zeichnete sich ab.

Der Religionsfrieden von Augsburg und der Rückzug Kaiser Karls

So wurde 1555 zum Jahr einer zweifachen Entscheidung: Es brachte zunächst den Augsburger Religionsfrieden. Dieses für die deutsche Geschichte hoch bedeutende Abkommen war nicht mehr das Werk Karls, sondern das seines Bruders, König Ferdinand. Es sah die endgültige reichsrechtliche Anerkennung der lutherischen Protestanten (nicht

Erste Seite des von Franz Behem in Mainz gedruckten Dokuments.

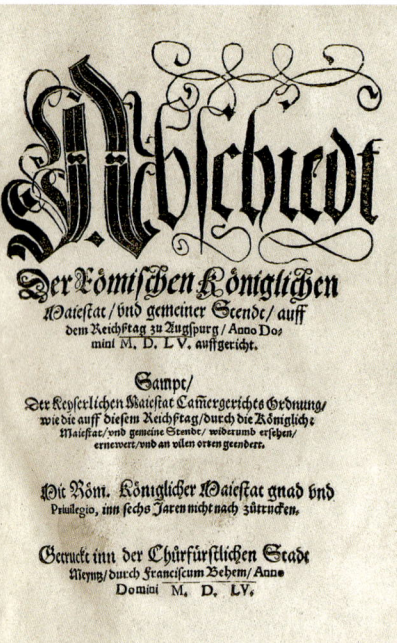

jedoch der verschiedenen reformierten Bekenntnisse, insbesondere der Calvinisten) vor. Die Glaubensspaltung erhielt damit gewissermaßen Verfassungsrang. Das Reich verlor die Religionshoheit zugunsten der einzelnen Territorien, wo die Fürsten, auch die Reichsritter, künftig freie Konfessionswahl hatten. Deren Untertanen hatten die Konfession ihres Landesherrn zu übernehmen; für den Fall, dass sie sich dem nicht anschließen wollten, wurde ihnen, sofern sie nicht leibeigen waren, das Recht zur Auswanderung zugestanden. In den Reichsstädten, in deren Bürgerschaft zum damaligen Zeitpunkt oft beide Glaubensbekenntnisse vorhanden waren, wurde der so gegebene Zustand der Bikonfessionalität anerkannt. Für kirchliche Territorien traf man Sonderregelungen. Auch in Sachen Reichsreform, um die man sich seit einem halben Jahrhundert bemüht hatte, erlangte das Augsburger Friedenswerk endlich ein Ergebnis, indem man die zehn Reichskreise mit der Exekution von Urteilen des Reichskammergerichts und der Aufstellung des Heeres beauftragte. Damit wurden die Stände (weltliche und geistliche Fürsten und Städte) gegenüber dem Reichsoberhaupt bedeutend gestärkt. Mit der offiziellen Bestätigung der Glaubensspaltung sah Karl sein Lebenswerk, das um die Einheit des Glaubens bemüht war, endgültig als gescheitert an. Das Jahr 1555 brachte neben dem Religionsfrieden daher als zweites markantes Datum auch die Ankündigung seines Rückzugs von allen seinen herrschaftlichen Ämtern. Im Jahr darauf übergab er die Kaiserwürde an seinen Bruder Ferdi-

Die Umklammerung Frankreichs durch die Habsburger im 16. Jahrhundert

nand und die spanische Königskrone an seinen Sohn Philipp II. Dann begab er sich nach Yuste westlich von Madrid, wo er sich nahe dem Kloster San Jerónimo eine Villa erbauen ließ. Hier lebte er noch eineinhalb Jahre in stiller Zurückgezogenheit. In der tausendjährigen Geschichte des Alten Reiches war er wohl einer der mächtigsten unter den Kaisern, zugleich aber der Einzige, der nicht durch Tod oder Absetzung, sondern durch freiwilligen Rückzug aus dem Amt geschieden war. Der gebürtige Burgunder und langjährige Kaiser des römisch-deutschen Reiches starb 1558 in Spanien und wurde einige Jahre später im Escorial, der sich zur Grablege der spanischen Könige entwickelte, zur Ruhe gebettet.

Nach dem Rücktritt seines Bruders wurde König Ferdinand I. 1558 in Frankfurt zum „Erwählten Römischen Kaiser" proklamiert. Die Zentralbehörden des Reichs (Reichshofrat und Reichskanzlei) organisierte man am Sitz des Kaisers neu. In der Rechtsprechung etablierte sich mit dem Reichshofrat eine konkurrierende Institution zum Reichskammergericht.

Durch verschiedene religionspolitische Maßnahmen versuchte Ferdinand noch eine Stärkung des katholischen Glaubens. Seinen Sohn Maximilian vermochte er 1562 zum römisch-deutschen König wählen zu lassen. Seine eigenen Lande, die Ferdinand unter seinen drei überlebenden Söhnen aufteilte, öffnete er den Jesuiten, die damit entsprechend den Richtlinien, die auf dem 1563 zu Ende gegangenen Konzil von Trient verabschiedet wurden, eine machtvolle Gegenreformation einleiteten. Bei allen ernsten, in Teilen durchaus erfolgreichen Bemühungen, einerseits den Katholizismus zu erneuern und andererseits eine friedliche Koexistenz mit dem Protestantismus zu sichern, barg die Glaubensspaltung auf Reichsebene in Verbindung mit den machtpolitischen Interessen der Fürsten auf lange Sicht jedoch ein Konfliktpotential von großer Sprengkraft.

Karl V. war dem Projekt einer europaweit agierenden Universalmonarchie unter allen Herrschern seit Karl dem Großen am nächsten gekommen. Doch gerade das Scheitern dieses ehrgeizigen Planes leitete seinen vorzeitigen Abgang von der Herrscherbühne ein. Mit der Übertragung der spanischen, italienischen und niederländischen Gebiete sowie den überseeischen Kolonien auf Philipp II., den österreichischen, böhmischen und ungarischen sowie den verbliebenen Vorlanden im Alemannischen auf Ferdinand zeichnete sich die dauerhafte Trennung in einen spanischen und einen österreichischen Familienzweig ab. Nur ein Aussterben einer der beiden Linien hätte noch einmal Aussichten auf ein Zusammengehen eröffnen können, wie es im Jahr 1700 dann auch tatsächlich der Fall sein sollte. Die spanische Linie war die ältere und zugleich war Spanien in der zweiten Hälfte des 16. Jahrhunderts, insbesondere nach seiner Vereinigung mit Portugal 1580, zu einer europäischen Hegemonialmacht herangewachsen, die mit den großen und einträglichen Kolonien in Übersee beträchtliche Ressourcen im Rücken hatte. Diese Grundlage verschaffte Philipp II. auch innerhalb des Habsburger Familienverbandes so viel Autorität, dass der österreichische Zweig sich nicht unabhängig davon entfalten konnte.

Die ungleichen Vettern: Philipp II. von Spanien und Kaiser Maximilian II.

Schon 1543 hatte Kaiser Karl seinem damals sechzehnjährigen Sohn Philipp die Regentschaft in Spanien übertragen. Philipp war ein introvertierter Mann, geprägt von großem Pflichtbewusstsein und einer tiefen kirchlichen Religiosität, die von den Glaubensspaltungen deutscher Provenienz in keiner Weise tangiert worden war. Im Umgang war er distanziert und wirkte, da er Emotionen nicht zu zeigen verstand, mitunter steif und hochmütig. Doch war er zugleich ein leidenschaftlicher Jäger und der Natur so sehr verbunden, dass er zu einem tatkräftigen Förderer der Gartenbaukunst wurde. Vor allem aber hegte er ein großes und authentisches Interesse an Musik, Malerei und Wissenschaft, was die Grundlage für den Aufbau großer Bücher-, Kunst-, Münz-, Instrumenten- und anderer entsprechender Sammlungen in dem von ihm errichteten Escorial war.

Als König von Spanien wurde Philipp trotz der kontinentalen Randlage seines Reiches zu einem der mächtigsten und einflussreichsten Herrscher seiner Zeit in Europa. Ohne ihn wäre auch die mitteleuropäische Geschichte anders verlaufen, denn er war der einflussreichste Vertreter des katholischen Glaubens und der mächtigste Promoter der Gegenreformation. Der Protestantismus und die einzelnen reformierten Bekenntnisse hätten ungleich mehr Raum in Europa gewonnen, hätte er nicht dagegengehalten. Selbst in der eigenen Familie gab es Neigungen zum Konfessionswechsel. Insbesondere sein Vetter, der Nachfolger Ferdinands I., Kaiser Maximilian II., ließ entsprechende Tendenzen so deutlich erkennen, dass sich nicht ganz ausschließen lässt, die österreichischen Habsburger wären ohne das kompromisslose Gegenhalten der mächtigen spanischen Verwandtschaft zu seiner Regierungszeit zum neuen Glauben übergegangen. Maximilian, der von 1564 bis 1576 die Kaiserkrone trug, war in vielerlei Hinsicht, vor allem in religiösen Dingen das Gegenteil seines gleichaltrigen Vetters auf dem spanischen Thron. 1527 in Wien geboren, hatte er einen großen Teil seiner Kindheit in Innsbruck verbracht. Bereits in seiner Jugend zeigte er unter dem Einfluss von Erziehern, die insgeheim der Reformation zuneigten, Interesse am protestantischen Glauben. Auch hatte er eine lebensfrohe und offene Art, die ihn beliebt machte und die ihm die Zuneigung selbst seines Onkels Kaiser Karl, der strikt am alten Glauben hing, eintrug. Karl versuchte, auf seine Erziehung Einfluss zu nehmen und zog ihn im Alter von 17 Jahren daher an den strengen spanischen Hof. Auch an der Schlacht von Mühlberg 1547 ließ er Maximilian teilnehmen, doch zeigte dieser sich von der Haltung der Lutheraner, die sein Onkel als Feinde betrachtete, beeindruckt. Erneut nahm ihn Karl mit nach Spanien und verheiratete ihn 1548 mit seiner eigenen Tochter Maria, Schwester Philipps und Cousine des Bräutigams.

So hoffte Karl, ihn stärker in die katholisch orientierte Politik der Familie einzubinden. Es war dies die erste Heirat zwischen den spanischen und den österreichischen Habsburgern, der in den nächsten 120 Jahren noch sechs weitere Ehebündnisse folgen sollten. Während seiner Abwesenheit vertraute Karl dem jungen Paar die Statthalterschaft in Spanien an. Maria versuchte, auf ihren Gatten gerade auch in religiöser Hinsicht Einfluss zu nehmen, was jedoch wenig fruchtete, Maximilian behielt dezent gewisse Sympathien für den Protestantismus. Gleichwohl waren die Eheleute einander glücklich verbunden und hatten zusammen 16 Kinder.

Auch seinem Vater, Ferdinand I., bereiteten die konfessionellen Tendenzen seines Sohnes Sorge. Einer Festlegung versuchte dieser sich mit dem Hinweis zu entziehen, er sei weder Katholik noch Protestant, sondern Christ. Erst als sich für ihn die Nachfolge auf dem Kaiserthron abzeichnete, war er gezwungen, sich zumindest nach außen hin klar für das katholische Bekenntnis zu entscheiden, da es undenkbar war, dass ein Protestant die auf römischer Tradition basierende Kaiserkrone trug.

Als Kaiser hatte Maximilian die Interessen des Reiches zu wahren. Einer der Führer der Protestanten während des Schmalkaldischen Krieges, Johann Friedrich von Sachsen, verschwor sich gegen ihn, um die Kurwürde, die ihm Kaiser Karl V. entzogen hatte, wiederzuerlangen. Maximilian ließ ihn verhaften und für den Rest seines Lebens internieren. In den eigenen Erblanden ließ er den Protestanten unter dem Adel gewisse Freiräume zur Ausübung ihrer Religion. Im Reich ver-

Kaiser Maximilian II. (reg. 1564–1576), Gemälde von Alfred Rethel, Kaisersaal Frankfurt

in einem rigorosen Bildersturm durch calvinistische Eiferer gipfelte, in dem binnen weniger Tage fast 400 Klöster und Kirchen verwüstet wurden, verurteilte er ebenso, wie er die harten Unterdrückungsmaßnahmen, mit denen Philipp durch die Entsendung des Herzogs von Alba reagierte, diskret, ohne es zum Bruch mit dem Vetter kommen zu lassen, kritisierte. Schärfstens wandte er sich gegen das in der Bartholomäusnacht 1572 in Paris verübte Massaker an den Hugenotten, womit Frankreich in ein Zeitalter blutiger Religionskriege taumelte. Seiner offenen Haltung in Glaubensfragen blieb er bis zum letzten Atemzug treu, als er sich selbst auf Bitten seiner spanisch-katholischen Ehefrau weigerte, die Sterbesakramente anzunehmen. In seiner zwölfjährigen Herrschaftsperiode war es ihm so gelungen, das Reich von Religionshändeln weitgehend freizuhalten.

Die Heiratsprojekte Philipps II.

Philipp überlebte ihn um mehr als 20 Jahre. Dieser blieb nicht nur einer der mächtigsten Herrscher Europas, sondern beanspruchte auch innerhalb der Familie weiterhin die Führung. Um den Zusammenhalt zu bekräftigen, entschied er sich 1570 zu einer Ehe mit der Tochter Maximilians. Es war dies die zweite Ehe zwischen den spanischen und österreichischen Habsburgern. Für Philipp selbst aber war es bereits seine vierte Ehe. Alle seine Ehefrauen zuvor waren gestorben, ohne dass er zu diesem Zeitpunkt einen überlebenden Thronfolger für Spanien hatte. Seine erste Ehe hatte er mit einer Cousine

suchte er, den Bestimmungen des Augsburger Religionsfriedens Geltung zu verschaffen, wozu freilich auch gehörte, den reformierten Bekenntnissen keinen Spielraum einzuräumen. Den von einer Adelsopposition begünstigten Aufstand gegen die spanisch-habsburgische Herrschaft in den Niederlanden, der 1566

König Philipp II. von Spanien, Gemälde von Antonis Mor, ca. 1560, El Escorial, Spanien

mütterlicherseits, Maria, Infantin von Portugal, geschlossen, aus der Don Carlos (1545–1568) hervorgegangen war, der an einem unzulänglichen eigenen Charakter und daraus folgenden schweren Konflikten mit seinem Vater zugrunde gegangen war. Seine zweite Ehe schloss er mit der Königin von England, Maria (genannt die „Blutige"), einer Tochter Heinrichs VIII., die glaubte, ihr Land mit Gewalt wieder in die Bahnen des alten Glaubens zurücklenken zu können. Ein überlebender Sohn aus dieser Ehe hätte Erbansprüche auf beide Länder geltend machen können, wenn in England sicher auch mit wenig Aussicht auf Erfolg. Aber diese merkwürdige Ehe blieb ohnehin ganz ohne Nachwuchs; nach dem baldigen Tod Marias trat ihre Halbschwester, Elisabeth I., die Herrschaft in England an, bescherte ihrem Land eine glanzvolle Epoche und avancierte zu einem der großen geopolitischen Gegenspieler Philipps. Eine dritte Ehe schloss Philipp schließlich mit

einer Tochter des französischen Königs Heinrich II., doch auch sie blieb trotz mehrfacher Geburten ohne einen überlebenden Thronfolger. Philipp, der seinem asketischen Ideal entsprechend nach all diesen betrüblichen Erfahrungen gerne Witwer geblieben wäre, musste aus dynastischer Raison eine vierte Ehe eingehen und entschied sich so endlich für seine österreichische Verwandte. Erst aus dieser seiner letzten Ehe, die ebenfalls durch Totgeburten, mehrfachen Kindstod und schließlich mit dem durch eine Schwangerschaft verursachten frühen Tod der Ehefrau selbst belastet war, hatte Philipp dann einen Thronerben, den späteren Philipp III.

Philipp selbst war persönlich eher defensiv und friedfertig eingestellt. Doch der große und heterogene Herrschaftskomplex, über den er gebot, machte Konflikte im Inneren und Äußeren unvermeidlich. Aufstände in Spanien selbst (Morisken in Granada) oder in den Niederlanden standen auf der einen, der Verlust zahlreicher spanischer Stützpunkte in Nordafrika oder der berühmte Untergang seiner Armada, aber auch der glänzende Sieg über die Türken in der Seeschlacht von Lepanto auf der anderen Seite. Zwei Staatsbankrotte in seiner mehr als 40jährigen Regierungszeit kamen erschwerend hinzu. Sein unzugänglicher und distanzierter Charakter begünstigte die Ausbildung eines strengen Hofzeremoniells, aber auch der einfachen spanischen Hoftracht, die Vorbildcharakter in Europa erlangten, sowie die bürokratische Regierungsmethode, die seinem Naturell mehr entgegenkam als eine Gestaltung seiner Länder durch repräsentatives Auftreten oder Schlachtenruhm.

7.

RUDOLF II. UND MATTHIAS –
Bruderzwist am Vorabend des Dreißigjährigen Krieges

Mit Rudolf II. kam nach dem Tod des weltoffenen Maximilians II. 1576 eine in mancher Hinsicht rätselhafte und sehr introvertierte Persönlichkeit auf den Kaiserthron. Als unergründlicher „Sonderling auf der Prager Burg" wurde er bezeichnet, für die letzten Jahre seines Lebens ist ein Verhalten überliefert, das schizoide Züge aufweist. Widersprüchliche Erfahrungen in seiner Kindheit haben sein späteres Verhalten maßgeblich beeinflusst. Rudolf, geboren 1552, verlebte unter seinem in Religionsfragen sehr toleranten Vater Maximilian in Wien zunächst eine unbeschwerte Kindheit. Als Maximilian sich gegenüber dem Ansinnen der Familie jedoch weigerte, Rudolfs und seiner Geschwister Erziehung den Jesuiten zu überantworten, ließ der Großvater, Kaiser Ferdinand, sich von seinem Neffen Philipp II. dazu bewegen, sie in dessen Obhut nach Spanien zu geben. So kam Rudolf 1563 im Alter von elf Jahren gemeinsam mit seinem Bruder Ernst an den rigoros katholisch orientierten Hof nach Madrid mit seinem strengen und ausgefeilten Hofzeremoniell. Nahm Rudolf von diesem Aufenthalt bestimmte Gewohnheiten wie die schwarze spanische Tracht und das auf Stolz und Distanziertheit bedachte Hofzeremoniell später mit zurück ins Reich, so war sein Aufenthalt in Spanien auch mit sehr bedrückenden Erfahrungen belastet;

dazu gehörte das Erlebnis des mysteriösen Todes seines Großvetters Don Carlos, der in einen tödlichen Konflikt mit seinem Vater, Philipp II., verstrickt war. Es war wohl auch daran gedacht worden, Rudolf ersatzweise für Don Carlos für die spanische Thronfolge zu nominieren und man verlobte ihn daher mit einer Tochter Philipps. Rudolfs spätere Weigerung zu heiraten und damit einen Thronfolger hervorzubringen, dürfte in diesen düsteren Jugendeindrücken ihren Grund haben. Zugleich hatte Rudolf dem weltoffenen Hof seines Vaters und dem langjährigen Aufenthalt in Spanien eine herausragende Bildung mit besonderer Vorliebe für Astrologie und Astronomie, der Leidenschaft für die Kunst und die Fähigkeit, fünf Sprachen fließend zu beherrschen, zu verdanken. Der Vater vermochte Rudolf noch zu Lebzeiten 1572 und 1575 auf den Thronen von Böhmen und Ungarn zu installieren, schließlich gelang es 1575 auch, ihn noch zum römisch-deutschen König wählen zu lassen. Ein Jahr später wurde Rudolf mit dem Tod Maximilians selbst Kaiser.

Das niederländische Abenteuer von Erzherzog Matthias

Neben Ernst hatte Rudolf mit den Erzherzögen Matthias und Albrecht weitere Brüder sowie mit einigen Vettern

Kaiser Rudolf II. (reg. 1576–1612), Gemälde von C.J.N. Hemerlein, Kaisersaal Frankfurt

der Familie zu übernehmen. Insbesondere der fünf Jahre jüngere Matthias entfaltete schon früh einen entsprechenden Ehrgeiz. Ihm werden gewisse Neidgefühle auf den ältesten Bruder nachgesagt, denn der Vater hatte den jüngeren Brüdern in seinem Testament nur eine vergleichsweise niedrige Apanage ausgesetzt. Die Benachteiligung, die er in dieser Regelung erblickte, versuchte er kurz nach dem Tod des Vaters auszugleichen, indem er sich im Alter von 20 Jahren eigenmächtig zu einem gänzlich unkalkulierbaren Abenteuer hinreißen ließ. Ohne Wissen seines eben zum Kaiser gewordenen Bruders ließ er sich 1577 von gemäßigten Abgeordneten der rebellierenden Generalstaaten als Statthalter der Niederlande gewinnen, womit er sich gegen Philipp II. stellte. Zwar schätzte man in den Niederlanden sein leutseliges Temperament, doch stellte sich bald heraus, dass er ohne Willenskraft und ohne politische Begabung war. Matthias musste sich unter den Schutz Wilhelms von Oranien begeben, sein Spielraum war daher schon schnell eingeengt. 1581 kehrte er gescheitert nach Österreich zurück. Rudolf bestrafte ihn durch Verweis nach Linz und damit in eine politisch abseits liegende Position. Matthias' Ambitionen waren damit aber nur zeitweise eingehegt. Es war dieses die erste Etappe in einem Konflikt, der sich zwischen diesen beiden Brüdern künftig dramatisch steigern sollte.

Prag als neue Residenz des Kaisers

1583 verlegte Rudolf die kaiserliche Residenz von Wien nach Prag. Da er

in anderen österreichischen Familienzweigen weitere agnatische Verwandte, die allesamt ein großes Potential bildeten, um als Statthalter oder in der Position eines Bischofs wichtige Funktionen in dem großen, heterogenen und europaweiten Herrschaftsgebiet ein großer Förderer von Kunst und Wissenschaft war, erlebte Prag unter ihm eine glanzvolle Epoche und wurde zu einem Zentrum des kulturellen Geschehens in Europa. Er zog Personen wie Kepler oder den dänischen Astronomen Tycho Brahe an sich und war ein bedeutender Förderer der Kunst des Manierismus, der Künstler wie Bartholomäus Spranger, Hans von Aachen oder Giuseppe Arcimboldo an seinen Hof holte. Rudolf hatte damit einen wichtigen Anteil am Aufbau der österreichischen Kunstsammlungen, die heute im Wiener Kunsthistorischen Museum zu sehen sind.

Die Übersiedlung des Hofes nach Böhmen hatte zur Folge, dass Rudolf die unmittelbare Verwaltung in Nieder- und Oberösterreich und damit auch seinen Sitz in Wien preisgab. Diese Gebiete vertraute er nun seinem Bruder Erzherzog Ernst an, dem er hier die Statthalterschaft übertrug. Doch sollte ein Jahrzehnt später, nach dem Tod von Ernst, eben hier zugleich auch der Ausgangspunkt für die Aktivitäten des rivalisierenden Matthias' entstehen.

Trotz seiner Erziehung am spanischen Hof war Rudolf in seiner Religionspolitik relativ freizügig. Er war bereit, die Positionen der katholischen Kirche zu verteidigen, respektierte ansonsten aber den unterdessen zur Realität gewordenen religiösen Pluralismus im Reich. Auch war er von der Hoffnung geleitet, die christlichen Kirchen mögen sich eines Tages wieder vereinen. Dennoch konnte er nicht verhindern, dass die konfessionellen Gegensätze während seiner Regierungszeit zunahmen und der Streit um die Auslegung des Augsburger Religionsfriedens zu einem Dauerproblem wurde. So etwa kam es über das Kölner Kurfürstentum 1582/83 zum Konflikt, als der dortige Erzbischof zum Protestantismus zu wechseln beabsichtigte und er daher aufgrund einer Klausel des Augsburger Religionsfriedens von 1555 (dem sogenannten „geistlichen Vorbehalt") aller Ämter und Rechte verlustig ging (Kölner Krieg). Das Kurfürstentum wurde für den Katholizismus künftig gesichert, indem man für fast 200 Jahre kontinuierlich ein Mitglied der bayerischen Wittelsbacher, die sich mehr und mehr als die eigentliche Speerspitze unter den katholischen Fürsten etablierten, zum Erzbischof von Köln berief. Auch der Reichstag wurde zunehmend vom konfessionellen Gegensatz gelähmt, der 1608/09 in der Spaltung der Fürsten in protestantische „Union" und katholische „Liga" mündete.

Konfessionsspannung und Bruderkrieg

Zu diesen Spannungen zwischen den Konfessionen, die nach den – zumindest in Deutschland – vergleichsweise friedlichen Jahrzehnten seit dem Augsburger Religionsfrieden jetzt wieder neue Nahrung erhielten, kam erschwerend auch das Aufleben eines ebenfalls von den Vorgängern bereits ererbten Problems hinzu: das des neuerlichen Expansionsdrangs der Türken. Seit 1592 kam es wieder zu kriegerischen Auseinandersetzungen mit den Osmanen. Diesem Krieg konnte durch das Eingreifen von Erzherzog Matthias zunächst eine Wende gegeben werden. Matthias arbeitete zu

diesem Zeitpunkt daran, seine Stellung im Habsburger Machtgefüge bedeutend zu verbessern. Nach seinem Scheitern in den Niederlanden hatte er jahrelang nach neuen Möglichkeiten des Einflusses gesucht, sei es, dass er nach geistlichen Pfründen strebte, sei es, dass er als Kandidat für den polnischen Königsthron gehandelt wurde oder sich um die Regentschaft in Tirol und den Vorlanden bemühte. Nun räumte sein Bruder Ernst die Statthalterschaft in Österreich, da Philipp II. ihn zum Statthalter der Niederlande berief. So erlangte Matthias die freigewordene Position in Österreich, von der aus er nicht nur erfolgreich gegen die Türken vorgehen konnte, sondern zugleich auch eine bessere Ausgangsbasis in der konfliktträchtigen Beziehung mit Rudolf einnahm. Als Statthalter von Österreich bekannte er sich zu einer stärker gegenreformatorisch akzentuierten Politik als dies zuvor erkennbar war, machte aber je nach Opportunität dabei auch Zugeständnisse an das protestantische Lager. Der maßgebliche Berater Matthias' wurde zu dieser Zeit Melchior Khlesl, Sohn eines protestantischen Bäckermeisters, der, zum katholischen Glauben übergetreten, eine glänzende Karriere in Kirche und Politik machte, die ihm 1602 den Bischofsstuhl von Wien, seiner Heimatstadt, und später sogar die Stellung eines Kardinals einbrachte. Khlesl wurde zur treibenden Kraft hinter den Aktivitäten von Matthias.
Seit den frühen 90er Jahren nahmen die Spannungen zwischen Matthias und Rudolf immer mehr zu. Bei Rudolf machten sich zu diesem Zeitpunkt erste Anzeichen seiner Erkrankung von Geist und Gemüt bemerkbar, die

ihn in seiner Regierungsfähigkeit einschränkten. Noch immer war er unverheiratet und machte keine Anstalten, diesen Zustand zu ändern, um einen Thronerben hervorzubringen. (Er hatte nur außereheliche Nachkommen.) Seine Verwandten konnten daher mit einigem Recht erwarten, dass er stattdessen einen Kandidaten aus ihren Reihen als Aspiranten für die römisch-deutsche Königskrone benennen würde – vorzugsweise Matthias, der nach dem Tod des älteren Bruders Ernst 1595 der nächste Agnat in der Thronfolge war. Doch Rudolf weigerte sich beharrlich, diese Frage zu entscheiden, auch aus einer persönlichen Abneigung gegen Matthias, und bescherte der Dynastie damit ein ernstes Problem. Auch hierin wird man einen Grund für die jetzt umso stärker zutage tretenden Ambitionen von Matthias erblicken dürfen. Rudolfs Weigerung hatte ein engeres Zusammenrücken der Erzherzöge aus den einzelnen Zweigen der Familie zur Folge. 1606 ernannten sie Matthias urkundlich zum Oberhaupt der Familie. Doch Rudolf erkannte dieses Dokument ebenso wenig an wie die Friedensverträge, die Matthias mit den Türken, aber auch mit Aufständischen in Ungarn nun abschloss. Beide Rivalen suchten nach Kombattanten im eigenen Herrschaftsbereich und verbündeten sich mit den Ständen einzelner Gebiete. Dabei machten sie keinen Unterschied in der Konfession und waren auch bereit, von Protestanten Unterstützung anzunehmen. Matthias gelang es, die teilweise protestantisch geprägten Stände von Österreich, Ungarn und Mähren hinter sich zu bekommen, während Rudolf sich auf die mächtigen Stände Böhmens stützte. Der Preis, den letzterer dafür bezahlte, war der „Majestätsbrief" von 1609, der den Protestanten Böhmens Religionsfreiheit gewährte. Für die selbstbewussten Stände dieses Landes – Herren, Ritter und Städte – war dies eine bedeutende Zusicherung; sie wurde auch auf Schlesien ausgeweitet und war ein Meilenstein in der Entwicklungsgeschichte religiöser Toleranz, auch wenn es den Protestanten zunächst nicht gelingen sollte, seine Gültigkeit dauerhaft zu sichern. Denkbar unglücklich durchmischten sich hier religions- und familienpolitische Motive. Sukzessive gelang es Matthias nun, den Bruder, dessen Geisteszustand sich zusehends verschlechterte und immer mehr schizoide Züge offenbarte, zu entmachten. 1608 konnte er Rudolf zwingen, ihm die Herrschaftsrechte in Österreich, Ungarn und Mähren abzutreten, im gleichen Jahr wurde er zum König von Ungarn gekrönt. Auch versuchte er nun mit einer Streitmacht in Böhmen einzurücken. Doch Rudolf erhielt zunächst Unterstützung von Erzherzog Leopold, dem einzigen Verwandten des Hauses, der sich auf seine Seite schlug und mit einem Söldnerheer anrückte. Erst mit Verzögerung gelang Matthias 1611 dann der Einmarsch in Prag, wo er sich im St.-Veits-Dom auch zum böhmischen König krönen ließ. Rudolf hatte damit seine Hausmacht vollkommen verloren. Nur dem Titel nach war er noch Kaiser und lebte zurückgezogen auf der Prager Burg, de facto war er aber entmachtet. Wenige Monate später, am 20. Januar 1612 wurde der Bruderkonflikt durch den Tod Rudolfs endgültig entschieden; Matthias hatte freie Bahn.

Kaiser Matthias (reg. 1612–1619), Gemälde von Josef Danhauser, Kaisersaal Frankfurt

Matthias als Kaiser 1612–1619

Nur wenige Monate später wählten ihn die Kurfürsten zum Kaiser. Doch endlich selbst Kaiser geworden, machte er keine glückliche Figur. Er war kaum in der Lage, eigenständig etwas zu bewirken; die Leitung der Regierungsgeschäfte überließ er weitgehend seinem Vertrauten Khlesl. Dieser versuchte erneut eine Politik des Ausgleichs zwischen den Konfessionen, nicht zuletzt mit dem übergreifenden Ziel, die Stände des Reiches und der Erblande für einen Feldzug gegen die Türken zu gewinnen. Doch stieß er mit diesem Begehren in beiden konfessionellen Lagern auf Widerstände. Die Einigung gelang nicht, dafür aber eine vertraglich gesicherte Verlängerung des Friedens mit den Türken bis zum Jahr 1635.

Auch bei Matthias wurde die Frage der Nachfolge zum Problem. Da er erst im 55. Lebensjahr wenige Monate vor seiner Kaiserkrönung geheiratet hatte, war fraglich, ob er in der Lage sein würde, die Zukunft der Dynastie zu sichern. König Philipp III. von Spanien, der über seine österreichische Mutter, einer Schwester von Kaiser Matthias, ebenfalls Erbansprüche zu haben glaubte, verzichtete auf die Kaiserwürde sowie auf Böhmen und Ungarn, weil man ihm das strategisch wichtige Elsass und die Ortenau sowie die Reichslehen in Italien zusicherte (Oñate-Vertrag v. 1617) – ein Vorgang, der später erheblich zur Internationalisierung des Dreißigjährigen Krieges beitrug. So gewann als Kandidat für die Nachfolge immer mehr der streng katholische Vetter Ferdinand von Steiermark an Profil. Ferdinand wurde 1617 unter der Bedingung, dass er die im „Majestätsbrief" Rudolfs II. garantierten religiösen Freiheiten beachte, zunächst in Böhmen zum König gewählt. Ein Jahr danach erhielt er auch die ungarische Krone. Matthias war mit dem Hof von Prag, wo er Statthalter hinterließ, nach Wien

zurückgezogen. Doch nun erhoben sich die mehrheitlich protestantischen Stände Böhmens unter Führung des Grafen Heinrich Matthias Thurn in einer Revolte gegen die katholische Herrschaft der Habsburger. Am 23. Mai 1618 eskalierte sie im legendären Prager Fenstersturz, bei dem die kaiserlichen Statthalter aus der Prager Burg geworfen wurden. In diesem Akt brachen sowohl die konfessionellen Konflikte hervor als auch die machtpolitischen Spannungen zwischen den Ständen des Landes und dem König aus Österreich. Die Stände rissen die Macht an sich und verwiesen die Vertreter des Katholizismus und der Gegenreformation – die Jesuiten, den Prager Bischof und die Mönche verschiedener Klöster – aus Böhmen.

Der Kaiserhof in Wien war unschlüssig, wie er auf diese extreme Provokation zu reagieren hatte. Melchior Khlesl strebte erneut nach einer Politik des Ausgleichs; Ferdinand aber setzte als König von Böhmen auf Konfrontation und ließ Khlesl gefangen nehmen. Kaiser Matthias, von Depressionen und Altersbeschwerden gezeichnet, verfiel in Resignation, ließ Khlesl fallen und seinen jungen Nachfolger frei gewähren. Damit gewann am Habsburgerhof die Kriegspartei die Oberhand, nicht ahnend, dass man am Beginn des verheerenden Dreißigjährigen Krieges stand.

Kaiser Matthias verstarb in den Anfängen dieser Wirren am 20. März 1619. Seine fromme Gattin, Kaiserin Anna, hatte in Wien ein Kapuzinerkloster erbauen lassen. Dort fanden beide ihre letzte Ruhestätte. Es sollte in der Folge zur Grablege nahezu aller Angehörigen des österreichischen Hauses Habsburg werden.

8. DIE HABSBURGER IM DREISSIGJÄHRIGEN KRIEG

In einem so überaus komplexen Geschehen wie dem des Dreißigjährigen Krieges entfalten sehr verschiedenartig gelagerte Interessen, Motivlinien und Strukturen ihre Wirkung. Zum einen waren es die seit dem Auftreten Luthers 100 Jahre zuvor mal stärker, mal schwächer bestehenden Spannungen zwischen den Konfessionen, die jetzt ihren überaus blutigen Höhepunkt erreichten. Zum anderen war dieser Krieg ein Ringen sowohl der innerdeutschen Territorialmächte wie auch der europäischen Staaten um Macht und Einflusssphären. Bei den Bündnissen, die dabei eingegangen wurden, war die Konfession jedoch keineswegs ein absoluter Hinderungsgrund: Zur Wahrung seiner eigenen Interessen gegen die Umklammerung durch seinen Erzfeind Habsburg – dem Vorposten der Gegenreformation – kannte das ebenfalls katholische Frankreich keine Skrupel, als es mit den protestantischen Schweden zusammenging. Kleinere Gebiete wie die Eidgenossenschaft und die Generalstaaten sahen in dem großen Ringen ihre Chance auf Anerkennung ihrer staatlichen Unabhängigkeit und damit zur endgültigen Entwindung von der Habsburger Oberherrschaft. Innerdeutsch aber ging es in diesen Kämpfen auch um ein neuerliches verfassungsrechtliches Kräftemessen zwischen kaiserlicher Zentralmacht und dem Autonomiestreben der Territorialfürsten.

Kaiser Ferdinand II. (reg. 1619–1637), Gemälde von Johann Peter Krafft, Kaisersaal Frankfurt

Ferdinand II. und Maximilan I. von Bayern

Protagonist des Krieges auf Habsburger Seite war Kaiser Ferdinand II. Im Gegensatz zu seinem in Glaubensfragen toleranten Onkel, Kaiser Maximilian II., oder dem alles andere als dogmatisch eng gebundenen Vetter, Rudolf II., war er dem katholischen Bekenntnis in seiner gegenreformatorischen Prägung von früh an streng verbunden gewesen. Unter der Aufsicht seiner Mutter, der bayerischen Prinzessin Maria, hatte er eine entsprechende Erziehung genossen. Als in seiner Geburtsstadt Graz die Protestanten Einfluss zu gewinnen schienen, wurde er nach Bayern geschickt, wo er unter den Augen seines Onkels Herzog Wilhelm V. an der von Jesuiten geleiteten Universität Ingolstadt weiter ausgebildet wurde. Hier traf er auf seinen Vetter mütterlicherseits, den Thronfolger Bayerns, Maximilian, mit dem ihn großes Einvernehmen verband. Es war die Grundlage für eine folgenreiche Partnerschaft im politischen Geschäft. Als späterer Herzog von Bayern würde Maximilian – dann Maximilian I. – von 1598 bis 1651 eine ungewöhnlich lange und erfolgreiche Regierungszeit beschieden sein, in der er als wichtigster und mächtigster Führer des katholischen Lagers über den gesamten Verlauf des großen Krieges zu einem von dessen Hauptakteuren avancieren sollte – dabei manchmal allerdings auch als Gegenspieler seines kaiserlichen Vetters. Das Haus Wittelsbach spielte insbesondere in der Vorgeschichte und in der Frühphase des Krieges ohnehin eine entscheidende Rolle. Konfessionell gehörten seine beiden Hauptlinien, die pfälzische und die bayerische, den konträren Lagern an. Religionspolitische Interessenkonflikte hatten schon 1608 dazu geführt, dass sich unter der Führung der Kurpfalz die protestantischen Reichsstände zur „Union" zusammenschlossen, worauf sich ein Jahr später die katholischen Reichsstände – allerdings außer Österreich und Salzburg – unter der Führung Bayerns zur „Liga" vereinigten. Trotz solcher Zuordnung zu entgegengesetzten Religionsbündnissen blieben die Oberhäupter der beiden Wittelsbacher Linien – auf der bayerischen der genannte Maximilian, auf der pfälzischen seit 1610 Kurfürst Friedrich V. – über gemeinsame Interessen miteinander im Gespräch.

Der Beginn des Krieges 1618

Doch die mit dem Prager Fenstersturz 1618 markierte Erhebung der protestantisch gesinnten Stände Böhmens gegen die Habsburger verschärfte nun auch den Gegensatz innerhalb des Hauses Wittelsbach: Maximilian stellte sich auf die Seite seiner Habsburger Verwandten, Kurfürst Friedrich aber, der Maximilian noch zu einer Kandidatur für den 1619 vakant gewordenen Kaiserthron zu animieren versuchte, unterstützte die Sache der böhmischen Stände. Innerhalb weniger Tage im August 1619 wurden die feindseligen Spannungen durch eine Reihe schicksalsträchtiger Entscheidungen beträchtlich weiter angeheizt: Die Stände in Böhmen setzten den Habsburger, Ferdinand,

Prager Fenstersturz; Darstellung aus dem Theatrum Europaeum des Matthäus Merian

als ihren König ab und beriefen an seiner Stelle als ihren Glaubensbruder und Führer der Union den Pfälzer Kurfürsten Friedrich. Nur einen Tag später erfolgte in Frankfurt jedoch die Wahl des degradierten Ferdinands zum römisch-deutschen Kaiser, und der war in keiner Weise gewillt, seine schmachvolle Behandlung in Böhmen und das damit verbundene Vordringen des Protestantismus in seinen Erblanden zu dulden. Aus konfessioneller Solidarität, aber unter völlig falscher Einschätzung der Kräfteverhältnisse glaubte Friedrich, dem Ruf der Böhmen folgen und die dortige Königskrone annehmen zu müssen. Damit machte er aus dem ursprünglich lokalen Konflikt in Böhmen unvermeidlich einen nationalen: Die deutschen Fürsten und bald auch schon die europäischen wurden in den Krieg hineingezogen. Wenig mehr als ein Jahr konnte der Pfälzer sich in Prag halten, was ihm den spöttischen Namen „Winterkönig" einbrachte. Am 8.11.1620 kam es am Weißen Berg unweit der Hauptstadt bereits zur Entscheidungsschlacht. Sein Verwandter, Herzog Maximilian, hatte sich als Führer der

katholischen Liga mit dem Kaiser gegen ihn verbündet und schlug ihn vernichtend. Da nun auch seine Heimat, die Kurpfalz, von einem Heer der Liga unter der Führung ihres Feldherrn Johann von Tilly (1559–1632) eingenommen und der Krieg damit auch in den Westen des Reiches getragen wurde, konnte Friedrich sich nur durch Flucht ins Ausland retten. Kaiser Ferdinand verhängte über ihn die Reichsacht, nahm ihm die auf mittelalterlicher Tradition ruhende Kurwürde und übertrug sie 1623 auf seinen Verbündeten Maximilian. Damit war Bayern in den Rang eines Kurfürstentums erhoben, während die Pfalz aus dem Kurkolleg zunächst ausschied. Die Anführer des böhmischen Aufstandes ließ der Kaiser hart bestrafen; etwa die Hälfte des adligen Grundbesitzes wurde enteignet und zum großen Teil an landfremde Geschlechter verteilt. Die Gegenreformation wurde rigoros durchgeführt, was 150 000 Protestanten zur Auswanderung veranlasste. 1627 führte Ferdinand in Böhmen eine neue Landesordnung ein, die seine Rechte als König gegenüber den Ständen im Sinne des Absolutismus beträchtlich ausweitete, ein Erbrecht der Habsburger einführte und Regierungsfunktionen künftig in Wien zentrierte.

1629: Ferdinand II. auf dem Höhepunkt seiner Macht

Unterstützt durch Hilfsgelder aus Frankreich, England und Schweden übernahm für die Protestanten im Reich in der Folgezeit König Christian IV. von Dänemark die Führung, womit der Dreißigjährige Krieg als Niedersächsisch-Dänischer Krieg in seine zweite Phase eintrat. Gegen diesen Angriff fand der Kaiser in der Person Albrecht von Wallensteins (1583–1634) nun einen eigenen Kriegsherrn, der zu einer der großen Figuren der Auseinandersetzung werden sollte. Wallenstein, ein Aufsteiger aus dem böhmischen Adel, der zum Katholizismus konvertiert war, war ein genialer Organisator, der ein großes schlagkräftiges Söldnerheer zu formieren verstand und sich dem Kaiser zur Verfügung stellte. Gemeinsam mit den Truppen der Liga unter Führung von Tilly verlagerte er den Krieg nach Norddeutschland, wo sie mit vereinten Kräften militärische Erfolge erringen konnten.

Mit dem Frieden von Lübeck musste der dänische König 1629 aus dem Krieg endgültig wieder ausscheiden. Mit diesem Erfolg erreichte Kaiser Ferdinand den Höhepunkt seiner Macht. Dies verleitete ihn – ohne Rücksprache mit den Kurfürsten genommen zu haben – zum Erlass des Restitutionsedikts am 6. März 1629. Mit dieser (reichsrechtlich umstrittenen) Anordnung forderte er alle Kirchengüter zurück, die den Katholiken seit dem Passauer Vertrag von 1552 entzogen und den Protestanten übertragen worden waren. Zwei Erzbistümer (Magdeburg und Bremen), zwei Bistümer (Verden und Halberstadt), fünfhundert Abteien und Klöster hatte er dabei im Blick. Es war eine Forderung, die die Gewichte der Konfessionen stark zugunsten der Katholiken verändert hätte. Zugleich planten der Kaiser und Wallenstein einen Seekrieg gegen die Niederlande und gegen Schweden, um die Gegenreformation auch in den Norden zu tragen.

Wiederum lag in diesem bedeutenden Machtanstieg des Kaisers mehr als nur das religionspolitische Motiv, nämlich eine Tendenz, dem Reich eine absolutistische Verfassung aufzuzwingen, die die ständischen Freiheiten der

Schlacht am Weißen Berg, 1620, Gemälde von Pieter Snayers; Bayerische Staatsgemäldesammlungen,

Jacques Callot, Schrecken des Krieges; Kupferstich 1632

Fürsten generell Einschränkungen unterworfen hätte. Das erregte deren Widerspruch; selbst sein enger Verbündeter Maximilian von Bayern stellte sich auf dem Reichstag 1630 daher gegen ihn. Ferdinand wurde von den Fürsten gezwungen, sich der größten Stütze seiner Macht zu entledigen: Wallenstein. Ihn, den er nicht mehr bezahlen konnte, musste er aus seinen Diensten nun entlassen und war somit wieder von den Heeren der Liga abhängig.

Die Internationalisierung des Krieges mit dem Eintritt der Schweden 1630

Durch die kriegerischen Operationen im Norden sah sich der schwedische König Gustav Adolf II. 1630 zur Gegenreaktion und zur Landung mit 20000 Mann in Vorpommern veranlasst. Auch Frankreich unterstützte die Schweden zunächst mit Hilfsgeldern. Diese von 1630 bis 1635 während die dritte Phase der Auseinandersetzungen ging als Schwedischer Krieg in die Geschichte ein. Tilly versuchte mit den Truppen der Liga vergeblich, das Vordringen

Gustav Adolfs und seiner Verbündeten nach Süddeutschland aufzuhalten; beide, Tilly und Gustav Adolf, kamen 1632 im Schlachtengewirr ums Leben. Als seine Erblande bedroht waren, sah der Kaiser sich daher gezwungen, sich wieder Wallenstein zuzuwenden und ihn erneut in seine Dienste zu nehmen. Diesem gelang schon bald eine Konsolidierung der militärischen Lage, doch konnte auch er die Schweden nicht bezwingen. Da er eine Ausweitung des Krieges verhindern wollte und auch persönliche Machtinteressen verfolgte, nahm er eigenmächtig Friedensverhandlungen auf. Doch diesen Schritt wertete man am kaiserlichen Hof als Hochverrat. Wallenstein wurde daraufhin am 25. Februar 1634 Opfer eines Mordanschlags; ob der Kaiser in dieses Komplott gegen ihn verstrickt war, ist umstritten. Nach Wallensteins Tod gelang es den vereinigten spanischen, bayerischen und kaiserlichen Truppen bei Nördlingen, gegen die Protestanten einen Sieg zu erringen.

Im Jahr 1635 kam es daraufhin zwischen dem Kaiser und Kursachsen zum Friedensschluss von Prag, dem sich in der Folge fast alle Reichsstände anschlossen. Die Besitzstände der Protestanten und Katholiken wurden auf 40 Jahre hin nach dem Stand von 1627 fixiert, der Kaiser verzichtete somit auf die Durchführung

Kaiser Ferdinand III. (reg. 1637–1657), Gemälde von Edward Jakob von Steinle, Kaisersaal Frankfurt

des sechs Jahre zuvor erlassenen Restitutionsedikts. Das Reichskammergericht sollte paritätisch besetzt werden. Den Calvinisten wurde die Anerkennung weiterhin versagt. Neben diesen Bestimmungen zum Ausgleich zwischen den Konfessionen enthielt der Friedensvertrag auch wichtige territorial- und machtpolitische Elemente. Alle Sonderbündnisse (außer dem Kurfürstenverein), also vor allem die „Liga" der Katholiken und die „Union" der Protestanten, wurden aufgelöst; die Kräfte sollten unter Führung des Kaisers nun im Kampf gegen die Schweden gebündelt werden. Dieser Frieden von Prag war insofern eine Zäsur, als er einen gewissen Ausgleich im Inneren bewirkte und die Kräfte des Reiches nun zur Abwehr der auswärtigen Mächte zu bündeln versuchte.

Da sich in der Folge jedoch Frankreich, um die Macht der Habsburger zu schwächen, nun verstärkt militärisch im Reich engagierte und sich mit den Schweden verbündete, wurde so eine letzte, überaus gewaltsame Phase des Krieges – bezeichnet als Französisch-Schwedischer Krieg – eingeleitet. Kaiser Ferdinand sollte sie nicht mehr erleben. Er musste nun daran denken, seine Nachfolge zu sichern und setzte Ende 1636 die Wahl seines gleichnamigen Sohnes zum römischen König durch. Nur wenige Wochen später (am 15.2.1637) verstarb er. Auf Habsburger Seite trat damit eine Figur von der historischen Bühne ab, deren Handeln stark von gegenreformatorischen Motiven gelenkt war. Sein Sohn und Nachfolger, Ferdinand III., war trotz jesuitischer Erziehung in dieser Hinsicht weitaus gemäßigter. Er verfügte

Unterzeichnung des Westfälischen Friedens 1648 in Münster, Gemälde von Gerard ter Borch; Rijksmuseum Amsterdam

über herausragende Kenntnisse in den Kriegswissenschaften, so dass er in der Lage war, Wallenstein, an dessen Absetzung er maßgeblich beteiligt war, als Führer der kaiserlichen Truppen zu beerben. Als er an die Macht kam, hatte sich der Krieg endgültig internationalisiert. Schweden und Franzosen kämpften vereint in Deutschland, aber Frankreich, dessen Politik unter der Leitung von Kardinal Richelieu (1585–1642) stand, war nun auch unmittelbar mit Spanien in Kämpfe verwickelt. Ferdinand III. konnte als Kaiser dieser Übermacht in Deutschland mit wechselndem Erfolg für eine gewisse Zeit trotzen, doch gegen Ende des Krieges geriet er in die Defensive. 1644 begann er Friedensverhandlungen mit Schweden im protestantischen Osnabrück, mit Frankreich im katholischen Münster aufzunehmen. Doch die Verhandlungen verliefen überaus zäh, derweil der Krieg immer verheerendere Formen annahm und in seiner Schlussphase ein Maß an Verwüstung in Deutschland anrichtete, das die Zerstörungen der 26 Jahre zuvor noch überschritt. Die Schweden operierten selbst in Bayern und Teilen Österreichs, wogegen Ferdinand sich nur mit großer Mühe behaupten konnte.

Der Westfälische Frieden 1648

Der im Jahr 1648 endlich erreichte Frieden markiert eine tiefe Zäsur in der deutschen und europäischen Geschichte. Vertragspartner waren nach außen hin der Kaiser auf der einen, Frankreich und Schweden auf der anderen Seite, nach innen der Kaiser und die Reichsstände. Das komplexe Friedenswerk umfasste eine Vielzahl von Bestimmungen zu territorialen, konfessionellen und verfassungsrechtlichen Fragen. Schweden erhielt Landgewinne in Pommern, im Erzstift Bremen (ohne die Stadt) und anderweitig und avancierte damit zu einem Reichsstand. Frankreich erhielt Gebiete in Lothringen, im Elsass und mit Breisach und Philippsburg sogar Posten auf der rechtsrheinischen Seite; die Reichsstandschaft erhielt Frankreich aber nicht. Die nördlichen Niederlande und die Eidgenossenschaft wurden staatlich unabhängig und schieden aus dem Reich ganz aus. Mit den Eidgenossen betraf es die alten historischen Stammlande der Habsburger.

In Religionsfragen wurde das Augsburger Friedenswerk von 1555 weitgehend bestätigt und präzisiert, in einzelnen wichtigen Bestimmungen aber auch revidiert. Als Norm für den konfessionellen Besitz- und Bekenntnisstand wurden die Zustände des Jahres 1624 festgelegt. Die Untertanen mussten fortan nicht mehr die Religion ihres Landesherrn annehmen. Die Reformierten (Calvinisten etc.) fanden erstmals als weitere Konfession reichsrechtlich Anerkennung. Die obersten Reichsinstanzen wurden paritätisch besetzt.

Auch im Verfassungsrecht gab es gravierende Änderungen. So wurde Bayern seine 1623 übertragene Kurwürde bestätigt, während die Kurpfalz eine neue, achte Kurwürde zugesprochen bekam. Die Reichsstände wurden bedeutend aufgewertet, indem sie volle Landeshoheit in weltlichen und geistlichen Dingen sowie das Recht erhielten, Bündnisse untereinander und selbst mit auswärtigen Mächten einzugehen, sofern sie nicht gegen den Kaiser und das Reich gerichtet waren. Damit erhielten die einzelnen Territorien die Chance, sich zu weitgehend autonomen, im inneren absolutistisch verfassten Fürstenstaaten zu entwickeln, einige davon zu europäischen Mittel- und Großmächten. Von Kaiser und Reich wurden sie nur noch in einer vergleichsweise losen Klammer zusammengehalten, für kleine Reichsstände bildeten diese aber durchaus eine gewisse Schutzfunktion.

Ganz zu Ende waren die Kämpfe für die Habsburger noch nicht: Philipp III. von Spanien führte mit Frankreich noch auf Jahre hinaus Krieg, der erst mit dem Pyrenäenfrieden 1559 und der Heirat seiner Tochter mit Ludwig XIV. ein vorläufiges Ende fand. Doch die ausgehandelten Abmachungen erwiesen sich als brüchig, das Verhältnis Spaniens und Frankreichs blieb gespannt und drohte immer wieder in kriegerische Auseinandersetzungen zu kollabieren.

Wenigstens das so schwer heimgesuchte und ausgeblutete Reich hatte Kaiser Ferdinand, der die Regierungsgeschäfte weitgehend seinem Staatskanzler Graf von Trautmannsdorff und später Weikhard Fürst von Auersperg überließ, nun endlich befrieden können, wiewohl er einen bedeutenden inneren Machtverlust der kaiserlichen Stellung dafür hinzunehmen hatte. Ohnehin war er selbst nicht nur ein Kriegsfürst, sondern hatte ausgeprägte Interessen an Philosophie, Mathematik und Naturwissenschaften sowie an der Musik. Nach dem großen Morden und Brennen kam in der Herrscherfamilie hier ein kultivierter Zug wieder zum Vorschein, dem insofern reiche Entfaltung beschert war, als es gelang, ihn auch auf Ferdinands Sohn, den lange regierenden Kaiser Leopold I., und spätere Nachkommen des Hauses zu übertragen.

9. UNTER DEM DAMOKLESSCHWERT DES AUSSTERBENS – Das Ende der Habsburger Mannesstämme 1700 und 1740

Das knappe Jahrhundert zwischen dem Westfälischen Frieden und dem Machtantritt Maria Theresias 1740 bescherte Europa machtpolitisch eine neue Konstellation: Während Spanien in seinen kontinentalen Ambitionen zurücksank, konnten sich neben England und Frankreich die österreichisch-ungarischen Erblande der Habsburger als dritte Großmacht behaupten und formieren. Ganz neu aber stiegen als vierte und schließlich als fünfte Formation zunächst Preußen, seit dem frühen 18. Jahrhundert dann Russland in den Kreis der europäischen Großmächte auf. Die österreichischen Habsburger erlebten diese Phase allerdings nicht allein als Aufschwung, sahen sie sich doch mit zwei entscheidenden Problemen konfrontiert: das war in ihren deutschen Gebieten der fast ständige Zweifrontenkonflikt mit dem Frankreich Ludwigs XIV. und dem nur allmählich nachlassenden Ansturm der Türken, zum anderen die Erkenntnis, dass ihre Familie zunächst in Spanien und eine Generation später auch in Österreich vor dem Aussterben stand: Im Jahr 1700 gab es in Spanien, 1740 in Österreich keinen männlichen Habsburger mehr. Hätte man die tradierten Erbregeln der dynastischen Herrschaft befolgt, wie es die Gegner der Habsburger forderten, nämlich das strikte Mannesstammprinzip, wären sie historisch damit ebenso verschwunden gewesen wie 1437 etwa das mächtige Kaisergeschlecht der Luxemburger.

Kaiser Leopold I. zwischen Türken und Franzosen

Leopold I., der von 1658 bis 1705 für fast ein halbes Jahrhundert die Kaiserkrone trug, war noch während des Dreißigjährigen Krieges geboren worden. Doch vor ihm war zunächst sein älterer Bruder, Ferdinand IV., 1653 zum römisch-deutschen König gewählt und damit als Nachfolger für den Vater, Ferdinand III., designiert worden. Leopold sollte ursprünglich hingegen eine geistliche Position einnehmen. Er hatte daher eine entsprechende Erziehung genossen und so – begünstigt sicher auch durch den Habitus des Vaters – einen milden und friedfertigen Charakter mit ausgeprägten geistigen und musischen Neigungen entwickelt. Doch noch vor dem Vater starb 1654 der eben zum König gewählte Bruder, die Nachfolge des Hauses Habsburg war somit wieder offen und Leopold selbst musste dafür in Aussicht genommen werden. 1655 wurde er zum König von Ungarn, im Jahr darauf zum König von Böhmen gekrönt. Seine Wahl zum römisch-deutschen König konnte allerdings nicht mehr zu Lebzeiten des Vaters, der 1657 verstarb, bewerkstelligt werden. Den politischen Preis, den er für seine insbesondere von Frankreich bekämpfte Wahl dann zu entrichten hatte, bestand in einer demütigenden Wahlkapitulation (d. i. eine vertragliche Abmachung mit seinen kurfürstlichen Wählern), die ihm den Verzicht auf Unterstützung seiner spanischen Verwandten im Kampf gegen Frankreich auferlegte und die die verfassungsrechtliche Stellung der Reichsfürsten weiter stärkte. Um diese Bestimmungen gegenüber dem neuen Kaiser zu sichern, schlossen sich die großen rheinischen Fürsten und Kurfürsten, aber auch der König von Schweden (in seiner Eigenschaft als Herzog von Bremen und Verden), das einflussreiche Bayern und andere deutsche Kleinstaaten, schließlich auch Frankreichs selbst im Rheinbund zusammen, so dass Leopold sich als Kaiser von Anfang an einer starken Macht des Territorialfürstentums gegenüber sah. Der Bund hielt zehn Jahre und löste sich wegen divergierender Interessen seiner Mitglieder wieder auf. Das sollte auch Leopold wieder neue Koalitionsmöglichkeiten eröffnen. (Der Rheinbund des Jahres 1806, der dann die gänzliche Auflösung des Reiches und des römischen Kaisertums herbeiführte, sollte eineinhalb Jahrhunderte später daran dann wieder anschließen.)

Ein fast durchgängiges Motiv der gesamten Herrschaftsperiode Leopolds I. war die Konfrontation mit Ludwig XIV., dessen Regierungszeit von 1643 bis 1715 – mehr als 70 Jahre – noch länger dauerte als die seine. Ludwig betrieb gegenüber dem durch den Dreißigjährigen Krieg ohnehin sehr geschwächten Reich, aber auch gegenüber den Besitzungen der spanischen Habsburger eine systematische Hegemonialpolitik, die ihm am Ende bedeutende territoriale und politische Gewinne einbringen sollte. Während sich seine Expansionsbestrebungen in den 1660er und 70er Jahren unter geschickter Neutralisierung des Reiches zunächst gegen die spanischen und die nördlichen Niederlande richteten, zielten seine militärischen Aktionen seit den 70er Jahren für lange Zeit auch auf eine Arrondierung seiner östlichen Grenzen bis zum Rhein hin. Seine Operationen in Lothringen lösten schließlich einen Reichskrieg im Westen aus, dessen Erfolg jedoch wechselhaft blieb. 1679 kam es in Nimwegen zunächst zu einem Friedensschluss. Doch betrieb Ludwig XIV. seine Gebietserweiterungen gegenüber dem Reich unter dem Titel „Réunion" teils gewaltsam, teils mit rechtlichen Mitteln weiter, indem er argumentierte, die Vielzahl der von ihm begehrten Städte und Kleinterritorien im Westen hätten früher zu denjenigen Ländern gehört, die im Westfälischen Frieden an Frankreich abgetreten worden seien. So fiel 1681 auch die Reichsstadt Straßburg an Frankreich.

Franz Geffels, Entsatzschlacht von Wien 1683; Historisches Museum der Stadt Wien

In dieser Phase sah Kaiser Leopold sich jedoch auch verstärkt von Osten her bedroht. In Ungarn hatte er eine teils politische, teils konfessionell motivierte Gegnerschaft unter den Ständen zu unterdrücken versucht. Nachdem es bereits 1662 bis 1664 zu kriegerischen Auseinandersetzungen mit den Türken gekommen war, sahen diese in der Schwächung der kaiserlichen Position in Ungarn nun erneut eine Gelegenheit, gegen Österreich vorzugehen. So kam es zusätzlich zu den Spannungen mit Frankreich für Leopold zu der sehr bedrohlichen Belagerung seiner Hauptstadt Wien im Jahr 1683 durch die Türken. Dank der Unterstützung durch Herzog Karl von Lothringen und dem Polenkönig Jan Sobieski gelang es, Wien zu entsetzen und so einen historischen Wendepunkt im Osten herbeizuführen. Durch kraftvolle Militäraktionen des Markgrafen Ludwig Wilhelm von Baden, dem „Türkenlouis", und später des Prinzen Eugen von Savoyen und anderer wurden die Türken in den folgenden Jahren und Jahrzehnten so weit in den Balkan hinein zurückgedrängt, dass sie seither keine existenzgefährdende Bedrohung für Europa und insbesondere für die Position der Habsburger mehr darstellten. Allerdings zog sich der komplette Rückzug der Osmanen vom Balkan noch bis zum Ersten Weltkrieg hin. Kaiser Leopold vermochte, wenn auch nach wie vor gegen Widerstände der Magnaten, unter anderem durch Ansiedlung der „Donauschwaben" seine Position in Ungarn und somit die Donaumonarchie endgültig zu festigen.

Während Leopold im Osten somit seine Kräfte allmählich freibekam,

Kaiser Leopold I. (reg. 1658–1705), Gemälde von Leopold Kupelwieser, Kaisersaal Frankfurt

wurden sie von Frankreich in der Folge umso mehr gefordert. Noch während er mit den Türkenkriegen befasst war, erhob Ludwig XIV. aufgrund der Verheiratung seines

Bruders mit Liselotte von der Pfalz Erbansprüche auf Teile von deren Heimat, als im Jahr 1685 deren Familie, die dort regierende Pfalz-Simmersche Linie der Wittelsbacher, ausstarb. Unter dieser Voraussetzung löste er 1688 den Pfälzer Erbfolgekrieg aus, um nach dem Erstarken des von der Türkengefahr befreiten Kaisers einer Gegenoffensive des Reiches zuvorzukommen. Große Teile der Pfalz wurden von den Franzosen flächendeckend verwüstet (Ruine des Heidelberger Schlosses). Im Frieden von Rijswijk 1697, der den Krieg beendete, wurde Ludwig XIV. zur Rückgabe vieler von ihm beanspruchter Gebiete verpflichtet, konnte aber das Elsass, einschließlich Straßburgs, für sich behaupten.

Die Sorge um das Erbe in Spanien

Dieser Frieden hatte von vornherein insofern wenig Aussicht auf Dauerhaftigkeit, als sich zu diesem Zeitpunkt bereits eine Auseinandersetzung mit Frankreich abzeichnete, die noch größer war als die um die Pfalz, nämlich die um das Erbe Spaniens. Europa konnte davon ausgehen, dass der spanische Königsthron bald verwaist sein würde. Schon seit dem Tod König Philipps IV. im Jahr 1665 war man in Sorge, dass sein Sohn, König Karl II., aufgrund seiner schwachen Konstitution nicht in der Lage sein würde, die Dynastie weiter zu führen. So entbrannte um ihn und sein Erbe frühzeitig ein erbitterter, zunächst mit den Mitteln der Diplomatie und der Heiratspolitik geführter Wettstreit zwischen den

österreichischen Hausverwandten und der französischen Bourbonendynastie. Nicht nur die österreichischen Habsburger hatten seit Mitte des 16. Jahrhunderts denkbar enge heiratspolitische Bande mit ihren spanischen Vettern, auch die französischen Könige hatten unterdessen Ehebündnisse mit ihnen geschlossen: sowohl die Mutter als auch die erste Ehefrau Ludwigs XIV. waren spanische Habsburgerinnen. Weder diplomatisch noch rechtlich konnte der Streit zwischen Frankreich und Österreich um das Erbe Spaniens entschieden werden.

Doch auch in den eigenen Erblanden und im Deutschen Reich hatte Kaiser Leopold große Mühe, die Nachfolge für sein Haus zu sichern. Hatte Leopold in seiner Kindheit noch eine Reihe von Brüdern, Stiefbrüdern und anderen männlichen Seitenverwandten gehabt, so waren diese 1664 alle bereits gestorben. So blieb er – auch angesichts der Unfähigkeit des spanischen Vetters – über Jahrzehnte hinweg als einziger Mann in der Familie zurück, der politisch und dynastisch noch handlungsfähig war. Wie bereits seine Vorfahren entschied auch Leopold sich in seiner ersten Ehe für eine Verwandte aus Spanien, Margarethe Theresia, Schwester des kränkelnden Karl II. Sie war ihm zugleich Nichte und Cousine. Ohne dass ein männlicher Thronerbe überlebt hätte, starb diese seine Frau nach vier Geburten. Eine zweite Ehefrau – ebenfalls aus dem Hause Habsburg und zwar aus der im Mannesstamm ausgestorbenen Tiroler Linie – und deren Kinder starben ebenfalls. Und auch in seiner dritten, sehr kinderreichen Ehe war Leopold mit vielfachem Kindstod konfrontiert. Elf seiner insgesamt 16 Kinder, mehrere Enkel und zwei seiner Ehefrauen, ganz zu schweigen von seinem Vetter auf dem spanischen Thron, hat der Kaiser im Lauf seines langen Lebens ins Grab sinken sehn.

Doch aus der dritten Ehe hatte er schließlich zwei überlebende Söhne: Joseph und Karl. Diese beiden Brüder waren das Unterpfand der Habsburger im Ringen um die Erbfolge in Österreich und Spanien. Joseph war schon 1690 zum römisch-deutschen König gewählt und damit für die Nachfolge in den österreichischen Erblanden und im Reich bestimmt worden. Karl wurde in Reserve gehalten.

Die letzten Lebensjahre des schwachen Habsburgers in Spanien waren von einem harten Ringen der österreichischen und französischen Partei bestimmt, vorerst noch mit den Mitteln der Heiratspolitik, der Diplomatie und der Beeinflussung. Nachdem seine erste Ehefrau, eine Bourbonenprinzessin, gestorben war, ehelichte er eine Frau aus dem Haus der pfälzischen Wittelsbacher. Auch mit ihr kam es nicht zur Geburt eines Thronfolgers. Als ein Kompromisskandidat für den spanischen Thron aus dem Haus der bayerischen Wittelsbacher (ein Enkel Leopolds I.) 1699 überraschend starb, wurde nun der jüngere der beiden Söhne des Kaisers, Erzherzog Karl, als Habsburger Nachfolger für diese Position in Aussicht genommen. Gegen ihn brachte Ludwig XIV. seinen Enkel Philipp von Anjou – einen Großneffen des spanischen Königs – in Stellung.

Juan Carreño de Miranda, König Karl II. von Spanien; um 1685; Kunsthistorisches Museum Wien

Ständig ging es bei der spanischen Erbfolge um die Frage, inwiefern man das spanische Weltreich aufteilen könnte und müsste oder wie sonst die Bedingungen für einen Universalerben hätten beschaffen sein sollen. Es war eine Frage, die zentral das europäische Mächtegleichgewicht tangierte, für das sich England aus einer Art kontinentaler Staatsraison heraus besonders einsetzte. Im letzten Lebensjahr Karls II. gab es zwischen der französischen und der Habsburger Partei darum ein intensives diplomatisches Ringen am spanischen Hof. Am Ende gelang es der französischen Partei, Karl II. noch auf dem Sterbebett zu einem Testament in ihrem Sinn zu veranlassen. Kaum war er am 1. November 1700 verstorben und die spanische Linie der Habsburger damit an ihr Ende gekommen, proklamierte Ludwig XIV. daher seinen Enkel zum spanischen König. Doch die Gegenproklamation des Öster-

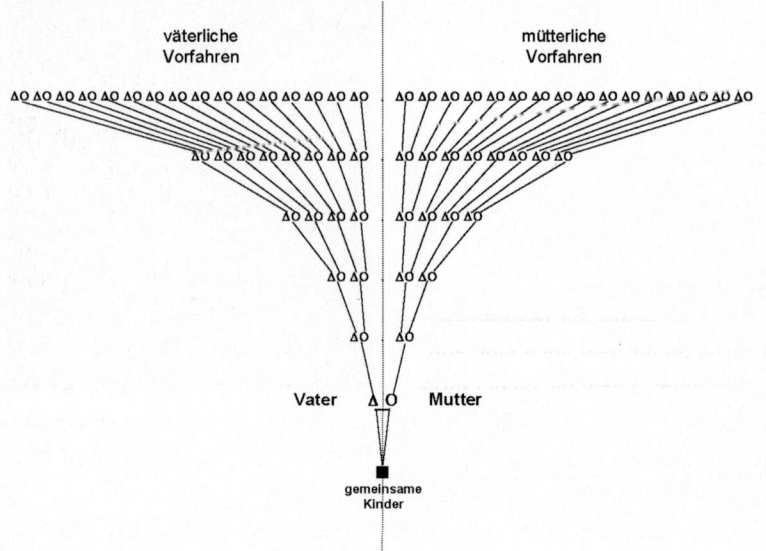

Die genealogische Struktur der Vorfahren ohne Verwandtenehen

väterliche
Vorfahren

mütterliche
Vorfahren

Vater Mutter

gemeinsame
Kinder

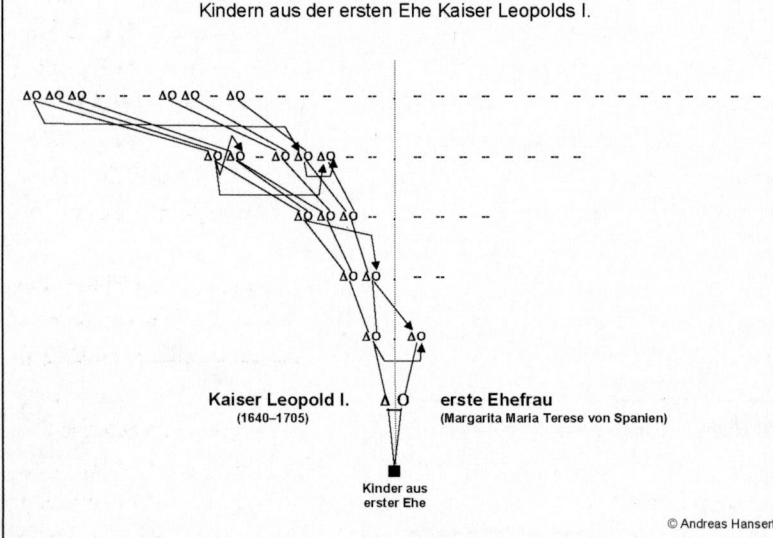

Die genealogische Struktur der Vorfahren bei den
Kindern aus der ersten Ehe Kaiser Leopolds I.

Kaiser Leopold I.
(1640–1705)

erste Ehefrau
(Margarita Maria Terese von Spanien)

Kinder aus
erster Ehe

© Andreas Hansert

Aussterben im Mannesstamm

Das Aussterben der Habsburger im Mannesstamm hat verschiedene Gründe. Sie lagen teilweise in biologischen Gegebenheiten, teilweise aber waren sie Folgen des eigenen Handelns.

Zunächst: Ob aus einer Zeugung ein Sohn oder eine Tochter entspringt, lässt sich bei natürlicher Befruchtung von den Eltern nicht bestimmen. Im Einzelfall ist dies Zufall. Das Paar kann die Wahrscheinlichkeit, ein Kind des gewünschten Geschlechts zu erhalten, allenfalls dadurch erhöhen, dass es möglichst viele Kinder zeugt.

Da die Habsburger-Ehen, hier besonders die des österreichischen Zweigs, im ausgehenden 16. Jahrhundert und im 17. Jahrhundert sehr kinderreich waren, stellte sich auch eine annähernde Symmetrie der Geschlechterverteilung her. Allein die Generation, der die Kaiser Rudolf II., Matthias, Ferdinand II. sowie König Philipp III. angehörten, bestand ursprünglich aus 41 Nachkommen, davon 20 Knaben. Dass es trotzdem nicht zur Ausbildung von genügenden Mannesstammlinien kam, hat zwei Gründe:

Der erste liegt darin, dass die Habsburger in dieser Phase eine Kindersterblichkeit zu verzeichnen hatten, die über der Quote früherer Phasen der Familiengeschichte lag. Allein Kaiser Leopold I. hatte zu seinen Lebzeiten unter seinen 16 Kindern den Tod von elf sowie den Tod mehrer Enkel hinzunehmen. Der Grund für diese hohe Mortalität könnte in den engen Verwandtenehen gelegen haben, die die Habsburger zur Sicherung ihrer Hausinteressen damals über vier Generationen hinweg gepflegt hatten. Wie der nebenstehende Stammbaum zeigt, produzierten sie damit einen beträchtlichen Ahnenschwund bei ihren Nachkommen: statt 64 Vorfahren in der sechsten Vorfahrengeneration hatte ein Kind Leopolds aus seiner ersten Ehe nur noch 12, also weniger als ein Fünftel. So wirkten sich die aus machtpolitischen Gründen vollzogenen Verwandtenehen offenbar auf die leibliche Konstitution vieler Familienmitglieder aus. Mit ihrer Heiratspolitik dürften die Habsburger sich leiblich um ihre Existenz gebracht haben.

Der zweite Grund für das Aussterben liegt darin, dass mehrere Söhne, die ins Erwachsenenalter kamen, unverheiratet geblieben sind: die einen besetzten aus reichspolitischen Gründen Bischofsstühle und waren damit ans Zölibat gebunden, bei anderen wie Rudolf II. und seinem Bruder Ernst waren persönliche Gründe ausschlaggebend. So blieben vorhandene dynastische Potentiale ungenutzt. Das hatte zur Folge, dass die Habsburger nicht mehr in der Lage waren, der biologischen Zufälligkeit, die beim Geschlecht waltet und die am Ende zu ihren Ungunsten ausfiel, durch eine hinlänglich große Zahl an Nachkommen wirksam zu begegnen.

x Niederlande,
Kur-Köln
Savoyen

reicher Karl als Karl III. von Spanien ließ nicht lange auf sich warten; zur Verteidigung seiner Ansprüche wurde er einige Jahre später nach Spanien geschickt.

Der Ausbruch des Spanischen Erbfolgekrieges 1701

Dieser Konflikt löste 1701 den Spanischen Erbfolgekrieg aus. England und eine Reihe von europäischen Mittelmächten verbündeten sich mit Österreich in der Haager Allianz, Frankreich aber konnte Bayern und Kurköln auf seine Seite ziehen. Dank dieser Konstellation wurde der Krieg daher nicht nur in Spanien, sondern auch in Süddeutschland, in Italien und in den Niederlanden ausgetragen. Es war ein europäischer Krieg. Unter Führung des in österreichischen Diensten stehenden Prinzen Eugen und des englischen Feldherrn Marlborough konnte die Haager Allianz eine Reihe von bedeutenden Schlachtensiegen erlangen und insbesondere Bayern unterwerfen. Gestört wurde diese erfolgreiche Kriegspolitik im Westen freilich durch eine auch von Frankreich geförderte erneute Erhebung in Ungarn. *Rákóczi* Mitten im Kampfgeschehen verstarb Kaiser Leopold 1705. Mit ihm starb ein Regent, der dem Kriegshandwerk, das man von ihm forderte, persönlich wenig abzugewinnen vermocht hatte, der stattdessen hoch gebildet und ein bedeutender Förderer von Wissenschaft und Kunst gewesen war. Seine herausragende Musikalität befähigte ihn zum eigenen Komponieren einer großen Zahl geistlicher und weltlicher Werke.

Dank der ausgeprägten barocken Frömmigkeit, die er pflegte, und dem melancholischen Grundzug, der eine Ursache wohl in der gesteigerten Todeserfahrung innerhalb seiner Familie gehabt hatte, war er in seinen Regierungsgeschäften eher bedächtig und abwartend als zupackend. Wenn Österreich unter seiner annähernd 47 Jahre dauernden Herrschaft dennoch zur Großmacht emporstieg, so war dies weniger eigenem politischem Geschick, als vielmehr der Indienstnahme fähiger Männer wie dem Prinzen Eugen zu verdanken. Allerdings waren unterdessen auch andere Mächte in Deutschland aufgewertet worden: Hannover hatte 1692 als neuntes Territorium die Kurwürde zugesprochen bekommen; August der Starke von Sachsen war 1697 in Personalunion König von Polen geworden, und der brandenburgische Kurfürst Friedrich III. hatte 1701 den Königstitel für das außerhalb des Reichsgebietes gelegene Herzogtum Preußen angenommen – ein von Kaiser Leopold wegen der Unterstützung im Spanischen Erbfolgekrieg geduldeter Akt, der allerdings bald schon den preußisch-österreichischen Dualismus im Reich begründete, aus dem Preußen im 19. Jahrhundert siegreich hervorgehen sollte.

Kaiser Joseph I.

Leopolds Nachfolger im Reich und in Österreich, Kaiser Joseph I., war in Temperament und Charakter vielfach anders, nämlich dynamischer veranlagt als sein Vater, von dem er unter anderem aber doch dessen

Musikalität geerbt hatte. Joseph zeigte von früh an großes Selbstbewusstsein und Ehrgeiz; er hatte einen scharfen Verstand und zeigte Entschlussfreude. Frühzeitig hatte sein Vater ihn an den Staatsgeschäften beteiligt, so dass er sich optimal auf seine Regierungsübernahme vorbereiten konnte. Noch zu Lebzeiten des Vaters bildete sich um den König der so genannte „junge Hof", an dem er junge Staatsdiener, Diplomaten, aber auch Soldaten wie den eng mit ihm befreundeten Prinzen Eugen versammelte, mit deren Hilfe er den Anspruch auf eine entschlossene Reformpolitik im Inneren und die Steigerung der Macht des Hauses Habsburg nach außen angehen wollte. Auch wurde er zum Mittelpunkt der Kriegspartei, als es zum Konflikt um Spanien gekommen war. Die Serie von militärischen Erfolgen, die Österreich in diesem kriegerischen Ringen mit Frankreich erlebte, hielt auch noch unter Josephs Regierungszeit an. Nachdem das mit Frankreich verbündete Bayern unterworfen war, verhängte Joseph über dessen Kurfürsten ~~Maximilian~~ II. und seinen ebenfalls mit Frankreich verbundenen Bruder, den Kölner Kurfürsten Joseph Klemens Kajetan, die beide ins belgische Exil geflohen waren, 1706 die Reichsacht. Die österreichischen Truppen operierten schließlich auch in den süditalienischen Besitzungen Spaniens, was zum Konflikt mit dem Papst führte, der auf der Seite Frankreichs stand und Joseph den Bann androhte. Dieser ließ sich davon jedoch nicht beeindrucken und setzte die Interessen der Habsburger in Italien zielstrebig durch.

Kaiser Joseph I. (reg. 1705–1711), Gemälde von Leopold Kupelwieser, Kaisersaal Frankfurt

Frankreich zeigte sich ob solcher Bedrängung auf fast allen Kriegsschauplätzen allmählich erschöpft und schien daher zu Friedensverhandlungen bereit zu sein, in denen die führende Position der Habs-

x *Kurbayern als Reichslehen eingezogen*

burger zu diesem Zeitpunkt wohl bestätigt worden wäre. Sorgen bereiteten Österreich nur ein anhaltender Aufstand in Ungarn, den Joseph zunächst weder durch einen Ausgleich, zu dem er bereit war, noch durch Gewalt zu lösen vermochte, sowie die Intervention des schwedischen Königs im Nordischen Krieg. Auch die Politik im Inneren des Reiches verlief nicht ganz ohne Reibungen. Bemühungen Josephs, die Macht des Kaisertums gegenüber den Reichsständen wieder zu restituieren – sei es, dass er dem Reichshofrat größeren Einfluss verschaffen wollte, sei es, dass er sich von oben herab in die innere Politik von Reichskreisen und Bistümern einmischte –, lösten eine Missstimmung unter den Territorialfürsten aus.

Kurz bevor sich das Geschick des Spanischen Erbfolgekrieges endgültig zugunsten der Habsburger zu neigen schien, bahnte sich ein Umschwung an. Weitere militärische Erfolge blieben aus; in England, das in die Rolle eines machtvollen Moderators im Konzert der europäischen Kräfte gekommen war, änderte sich die öffentliche Meinung zugunsten eines Friedens mit Frankreich. Was vor allem dem Krieg dann aber eine unerwartete und radikale Wendung brachte, war der plötzliche Tod Kaiser Josephs, der 1711 im Alter von nur 32 Jahren völlig überraschend an den Pocken verstarb. Da Joseph nur zwei Töchter hatte (ein Sohn war im Kleinkindalter verstorben) und damit ohne überlebenden männlichen Nachkommen geblieben war, veränderte dieser Vorfall die Mächtekonstellation fundamental. Josephs Bruder Karl, der sich in Spanien vergeblich

gegen den französischen Kandidaten zu etablieren versucht hatte, blieb den Habsburgern damit als einziger männlicher Vertreter des Hauses. In seiner Person drohte daher die hegemoniale Universalmacht Kaiser Karls V. wieder zu entstehen, so dass selbst die eigenen Verbündeten nun von den Habsburgern abrückten. Josephs unzeitiger Tod hatte für das weitere Geschehen somit dramatische Folgen.

Der letzte Habsburger: Kaiser Karl VI.

Im Gegensatz zu seinem stolzen und kraftvollen Bruder hatte Karl eher die ernste und bedächtige Art seines Vaters, Kaiser Leopolds, aber auch etwas von dessen großer Liebe und Befähigung zur Musik und dessen Verständnis für Kunst geerbt. Und wie der Vater war auch Karl zunächst für den geistlichen Stand vorgesehen und von Jesuiten entsprechend erzogen worden; erst später hatte sich ja abgezeichnet, dass man ihn für den Königsthron in Spanien brauchen würde. Seit 1703 hielt er sich als Karl III. auf der Iberischen Halbinsel auf, wo er mit wechselndem Geschick gegen die Franzosen und ihren Thronkandidaten kämpfte. Zeitweilig gelang es ihm sogar, Madrid zu erobern. In Spanien war es auch, wo es 1708 zur Heirat mit der aus dem Welfenhaus stammenden Prinzessin Elisabeth Christine von Braunschweig-Wolfenbüttel kam. Damit diese Heirat politisch möglich wurde, war diese Prinzessin aus protestantischem Haus vorab gezwungen, gegen heftiges Widerstreben zum

Katholizismus zu konvertieren. Königlicher Nachwuchs blieb jedoch jahrelang aus. Er war auch noch nicht in Sicht, als Karl die Nachricht vom Tod seines Bruders erreichte und er gezwungen war, nach Österreich zurückzukehren, hier das Erbe anzutreten und sich zum Kaiser wählen zu lassen. Die Ansprüche auf Spanien gab er dabei allerdings nicht auf; vor seiner Abreise hatte er seine Frau als Statthalterin dort installiert.

Seine Verbündeten suchten nun den Ausgleich mit Frankreich und schlossen ohne ihn 1713 den Frieden von Utrecht ab. Unter der Bedingung, dass Frankreich und Spanien getrennt blieben, erkannten sie den französischen Kandidaten, den Bourbonen Philipp, als spanischen König an. Doch gab es zur Wahrung des europäischen Mächtegleichgewichts nun eine Aufteilung der großen spanischen Besitzungen außerhalb der Iberischen Halbinsel: Philipp erhielt als spanischer König nur die Kolonien in Übersee, den Österreichern aber wurden die Besitzungen in Süditalien, Mailand und den südlichen Niederlanden zugesprochen. England konnte sich in Gibraltar etablieren. *u. Menorca*

Das Erbrecht für eine Tochter: Die „Pragmatische Sanktion" von 1713

Kaiser Karl verweigerte diesem Abkommen zunächst seine Anerkennung und hielt seine Ansprüche auf Spanien, wenn auch ohne Aussicht auf Erfolg, weiterhin aufrecht. Angesichts der dramatischen Erfahrungen seiner Dynastie um die Nachfolge in

Spanien erließ er nur wenige Tage nach dem Friedensschluss von Utrecht am 19. April 1713 eines der bedeutendsten Grundgesetze seines Hauses: die „Pragmatische Sanktion". In diesem Gesetz bemühte er sich, die Erbfolge seines Hauses zu regeln. Es formulierte zunächst noch einmal das alleinige Erbfolgerecht des erstgeborenen Sohnes und damit die Unteilbarkeit der Erblande. Dann aber sah er ein Erbrecht der Töchter für den Fall vor, dass kein männlicher Erbe zur Verfügung stünde. Damit bekräftigte er einschlägige Bestimmungen, die analog bereits Rudolf der Stifter 1358/59 im Privileg Maius formuliert hatte (s. o. S. 20). Karl ahnte wohl zu diesem Zeitpunkt, zu dem er nach fast fünfjähriger Ehe noch immer keine Kinder hatte, er müsse die Möglichkeiten für seine eigene Nachfolge durch Einbeziehung eventueller Töchter systematisch erweitern. Nicht unproblematisch dabei war allerdings die Bestimmung, dass er für den Fall des Ausbleibens eines Sohnes der eigenen Tochter vor den Töchtern seines verstorbenen Bruders Kaiser Joseph das Vorrecht zu geben beabsichtigte. Damit überging er die tradierten Erbrechte der älteren Linie.

Im Jahr darauf (1714) stand der endgültige Abschluss des Spanischen Erbfolgekrigs an, der mit dem Frieden von Rastatt zwischen den Dynastien Habsburg und Bourbon geschlossen wurde und der weitgehend die Ergebnisse des im Jahr zuvor geschlossenen Friedens von Utrecht bestätigte.

Auf wirtschaftlichem Gebiet versuchte Karl seine Länder im Geiste des

Rudolfii

Merkantilismus zu reformieren. Es wurden Manufakturen errichtet, Wege verbessert, Binnenzölle beseitigt, die Post sowie die Häfen von Triest und Fiume ausgebaut, 1722 in Ostende die Ostindienkompanie zur Förderung des Überseehandels gegründet u. a. m. Da Letzteres die Interessen der Seemächte tangierte, musste die Kompanie einige Jahre später wieder liquidiert werden.

Die Bündnissysteme der europäischen Mächte, in denen nun erstmals auch Russland auftauchte, waren seit dem Spanischen Erbfolgekrieg einem ständigen Wechsel ausgesetzt, so dass auch Österreich sich ständig in verschiedenen Konstellationen wiederfand. Dabei kam es zeitweise auch zu einem Zusammengehen mit dem seinerzeitigen Gegner Karls beim Kampf um die spanische Krone, Philipp V. von Spanien, aber auch zu Spannungen mit dem alten Bündnispartner England.

Das Nachfolgeproblem der Habsburger in Österreich schien sich zu lösen, als nach fast achtjähriger kinderloser Ehe 1716 Karls Frau endlich einen Sohn gebar. Doch die Freude währte nur kurz, der Knabe starb noch im gleichen Jahr. Doch bereits 1717 kam das zweite Kind zur Welt, eine Tochter: Maria Theresia. Wiederum ein Jahr später wurde eine zweite Tochter geboren, dann stockte die Abfolge der Geburten; erst sechs Jahre später brachte Christine noch einmal ein Kind zur Welt, eine dritte Tochter. Weitere Kinder waren Karl und seiner Frau nicht beschieden. Mehr und mehr schwanden in diesem familiären Geschehen somit die Hoffnungen auf einen männlichen Thronerben. So wurde die Nachfolge zu

einem Politikum: Karl sah sich jetzt veranlasst, sich gegenüber den Ständen im eigenen Land und in dem komplizierten Beziehungsgeflecht der internationalen Mächte verstärkt um eine innen- und außenpolitische Anerkennung der Pragmatischen Sanktion und damit entgegen den tradierten Regeln des Mannesstammprinzips und des Primats der älteren Linie um die Gültigkeit des von ihm proklamierten Erbrechts seiner ältesten Tochter Maria Theresia zu bemühen. Seine beiden Nichten aber, die Töchter seines älteren Bruders, wurden bei ihrer Verheiratung mit den Kurprinzen von Sachsen und von Bayern zum Erbverzicht zugunsten ihrer jüngeren Cousine gezwungen. Sukzessive gelang es Karls Diplomatie, zum Teil unter großen Zugeständnissen, den Mächten eine Garantieerklärung für die Pragmatische Sanktion abzuringen.

Aber die internationale Mächtekonstellation blieb in sich sehr gespannt. Diese Spannungen entluden sich 1733 bis 1735 in einem kurzen Krieg, der sich an der Thronfolge in Polen entzündete. Österreich und Frankreich hatten angesichts der polnischen Vakanz unterschiedliche Kandidaten unterstützt, weshalb sie miteinander in Händel gerieten. Erschwerend aber kam hinzu, dass Karls Tochter, Maria Theresia, Franz III. Stephan, Herzog von Lothringen heiraten sollte (und wollte). Die Lothringer und die Habsburger unterhielten ältere freundschaftliche Beziehungen miteinander, so dass sich Franz als junger Mann bereits für eine gewisse Zeit am Hof in Wien aufgehalten hatte. Aufgrund der Reisebedingungen der damaligen Zeit war es im Allgemeinen unüblich, dass die Brautleute der europäischen

Dynastien sich schon vor der Hochzeit persönlich kannten. So war Liebe ein Motiv für die Wahl gewesen, was aber sicher nicht zur Geltung gekommen wäre, wenn sie aus Habsburger Sicht nicht auch politisch opportun erschienen wäre. Frankreich aber sah das anders: Es fühlte sich durch diese Heirat herausgefordert; Habsburg schien sich mit der Lothringer Verbindung an seiner direkten Ostflanke zu etablieren. Dieses Problem verlieh dem jetzt aktuell gewordenen Interessenkonflikt um den polnischen Thron zusätzlich beträchtliche Dynamik. So kam es daraufhin zu einem kurzen Schlagabtausch zwischen den beiden Mächten – dem Polnischen Erbfolgekrieg –, der im Wesentlichen an der Rheingrenze und in Italien ausgetragen wurde. Im Effekt führte er zu einer Neuaufteilung bestimmter Gebiete vor allem im Süden und im Westen: Die Habsburger verloren ihre Territorien in Süditalien, die jetzt an die spanischen Bourbonen gingen, doch erhielten sie mit Parma und Piacenza im Norden für einige Jahre auch Zugewinne. Lothringen, wo die Herrscherfamilie weichen musste, kam nun aber ganz in den französischen Einflussbereich, während dessen Herzog und künftigem Gatten Maria Theresias, eben Franz Stephan, damit aber auch den Kindern aus dieser Ehe ersatzweise die Toskana, wo die Medici ausstarben, zugesprochen wurde. Die Habsburger verlagerten ihren Schwerpunkt in Italien somit von Süd nach Nord. Nach der Beseitigung solcher politischer Hürden konnten Maria Theresia und Franz Stephan 1736 endlich heiraten. Nach dem Tod des Prinzen Eugen 1736, der drei Kaisern – Leopold I.,

Kaiser Karl VI. (reg. 1711–1740), Gemälde von Ferdinand Georg Waldmüller, Kaisersaal Frankfurt

Joseph I. und Karl VI. – loyal gedient und maßgeblichen Anteil am Aufschwung Österreichs zur europäischen Großmacht gehabt hatte, kam es zu einem gewissen Verfall der Macht des Hauses Österreich. Schon in einem erneuten Krieg mit den Türken 1736 bis 1739 gingen Teile der von Eugen eroberten Gebiete auf dem Balkan wieder verloren. Auch waren die Finanzen der Erblande zerrüttet. Was Kaiser Karl jedoch am meisten belastete, war die Tatsache, dass er keinen männlichen Erben hatte. Die Geburt von drei Enkeln durch Maria Theresia erlebte er noch, doch alle waren Mädchen. Im bedrückenden Bewusstsein, der letzte männliche Vertreter des Hauses Habsburg zu sein, und im tiefen Zweifel darüber, ob die Mächte seine in der Pragmatischen Sanktion verkündete Erbregel auch tatsächlich anerkennen würden, starb Karl VI. im Jahr 1740. Entgegen ihren früheren Zusicherungen sahen Bayern, Frankreich, Sachsen und insbesondere der eben erst auf den Thron gekommene junge Friedrich II. von Preußen die Habsburger damit als ausgestorben an. Das Erbe, das Karl seiner Tochter hinterließ, war aufs äußerste gefährdet.

10. AUFSCHWUNG UND REFORM ÖSTERREICHS UNTER MARIA THERESIA UND JOSEPH II.

Die Rivalen um das Habsburger Erbe

Habsburgs Schicksal stand auf des Messers Schneide. Rivalisierende Mächte, insbesondere Bayern und Sachsen, weigerten sich, Maria Theresia als Erbin Österreichs und Böhmens anzuerkennen und erhoben darauf selbst Ansprüche. Hinzu kam, dass Maria Theresia als Frau die Kaiserkrone nicht selbst erwerben konnte, da diese durch Wahl und nicht durch Erbe vergeben wurde. Ihr Mann aber, der an ihrer Stelle das Habsburger Kaisertum fortführen sollte, kam aus eigenem Potenzial heraus für die Kurfürsten politisch nicht in Frage. Einzig das Königreich Ungarn, das außerhalb der Reichsgrenzen lag, war man bereit, Maria Theresia zuzugestehen. Ansonsten hätte sie alles, was Ihre Vorfahren über die Jahrhunderte hinweg besessen und aufgebaut hatten, verlieren sollen.

Der bayerische Kurfürst Karl Albrecht, der mit der jüngeren Tochter Josephs I. verheiratet war und der sich darüber hinaus vor allem auf Erbrechte aus älteren Eheverbindungen zwischen den Häusern Habsburg und Wittelsbach berief, gab sich trotz einer bei seiner Eheschließung abgegebenen förmlichen Verzichtserklärung für sich und seine Gattin nach dem Tod von Karl VI.

schnell als Rivale von Maria Theresia um ihre Erblande zu erkennen. Bald fand er für seine Interessen mächtige Unterstützung, nämlich Frankreich. Militärisch aber kam die erste Offensive gegen Maria Theresia überraschend aus dem Norden: Keine zwei Monate nach dem Tod ihres Vaters nutzte der junge Friedrich II. von Preußen die aktuelle Schwächung der Habsburgerdynastie kaltblütig aus und fiel – in der festen Absicht, sie zu annektieren – in einer ihrer reichsten Provinzen, nämlich in Schlesien ein. Erbansprüche auf bestimmte kleinere Territorien in Schlesien machte er allenfalls pro forma geltend, es war ein „Landraub" (Theodor Schieder), mit dem der junge Preußenkönig sein Land auf dem Weg zur Großmacht weiterbringen wollte. Dieser Vorgang war der Ursprung der feindseligen Gefühle, die Maria Theresia lebenslänglich gegenüber Friedrich hegen sollte.

In den folgenden Monaten formierte sich eine mächtige Allianz aus Bayern, Frankreich, Spanien, Preußen und Sachsen, deren Hilfe es Karl Albrecht im Sommer 1741 ermöglichte, zur Realisierung seiner Ansprüche in Österreich einzumarschieren. Maria Theresia wurde von all diesen Entwicklungen überrollt. Wien lag zu diesem Zeitpunkt noch ohne ausreichende militärische Abwehr in

Karl Albrechts Reichweite, doch Frankreich zwang ihn überraschend, nach Norden zu drehen und Böhmen einzunehmen. In Prag ließ Karl Albrecht sich daraufhin zum böhmischen König erheben. Antihabsburgische Tendenzen in den Ständen Böhmens ermöglichten diese Ernennung ohne große Widerstände; auch in anderen Gegenden der Habsburger Erblande war man gegenüber den neuen Herren nicht immer abgeneigt: Protestanten in Schlesien sahen in Friedrich weniger den Okkupanten als vielmehr den Befreier. Auch unter den Kurfürsten wandelte sich die Stimmung schließlich zugunsten Karl Albrechts. Zu Beginn des Jahres 1742 wählten und krönten sie ihn in Frankfurt zum Kaiser. Damit war die mehr als 300 Jahre lange Kontinuität eines lückenlosen Habsburger Kaisertums abgebrochen. Hätte Karl Albrecht – jetzt Karl VII. – sich in seinen so neu erworbenen Positionen behaupten können, wäre Habsburg allenfalls noch eine marginale Größe gewesen.

Die Selbstbehauptung Maria Theresias

Doch zu diesem Zeitpunkt war es Maria Theresia bereits gelungen, das Heft des Handelns wieder in die Hand zu bekommen und eine Wende herbeizuführen. In Ungarn, wo sie dem Adel entsprechende Zugeständnisse machte, konnte sie Unterstützung mobilisieren. Aus ihren italienischen Besitzungen waren mittlerweile militärische Kontingente eingetroffen. England als Verbündeter wirkte im Hintergrund zu ihren Gunsten. So kam sie zu Beginn des Jahres 1742 in die Lage, eine effektive Gegenoffensive einzuleiten. Gegen Friedrich konnte sie dabei nichts ausrichten, Schlesien blieb in preußischer Hand. Aber ihren direkten Konkurrenten Karl VII. brachte sie in extreme Bedrängnis. Kaum war der in Frankfurt gekrönt worden, marschierten ihre Truppen in Bayern ein und besetzten München. Damit war Karl VII. von seinem eigenen Territorium abgeschnitten. Das sollte sich fast in seiner gesamten Regierungszeit nicht mehr ändern: Karl war ein Kaiser ohne Hausmacht und gezwungen, seine Residenz weitgehend in Frankfurt zu nehmen. Im österreichisch-bayerischen Einflussbereich änderte sich an dieser Konstellation in den nächsten Jahren nur wenig. Doch der Krieg, der sich an der Erbfolge in Österreich entzündet hatte, war für die westlichen Großmächte ohnehin nur ein Katalysator für die Konflikte, die sie in ganz anderen Gegenden, in den Niederlanden, in Italien und vor allem auch in ihren Kolonien miteinander auszufechten hatten. Gerade in seiner späteren Phase löste er sich ganz von seinen österreichischen Ursprüngen ab, zumal hier bereits 1745 eine endgültige Entscheidung zugunsten Maria Theresias gefallen war. Nur drei Jahre waren dem glücklosen Wittelsbacher Kaiser beschieden, am 20. Januar 1745 verstarb er bereits. Seine Ambitionen, in die Fußstapfen der Habsburger zu treten, hielten den Realitäten nicht stand. Eigenständig hatte er jedenfalls nicht über jene Mittel und Kräfte verfügt, die es möglich gemacht hätten, die mit seinem Kaisertum gegebene Option

Maria Theresia und ihr Mann Kaiser Franz I. von Lothringen mit ihrem 1741 geborenen Sohn, dem Thronfolger Joseph, unbekannter Künstler, Heeresgeschichtliches Museum, Wien

zu realisieren, zwischen den Großmächten Österreich und Preußen eine dritte gleichrangige Kraft im Deutschen Reich zu etablieren. Im Ergebnis konnte Maria Theresia ihre Erbländer mit Ausnahme Schlesiens behaupten. Auch waren die Kurfürsten, selbst Karls Nachfolger in Bayern, jetzt bereit, ihren Ehemann als Franz I. zum deutschen Kaiser zu wählen. Sie selbst verweigerte sich einer Krönung zur „Kaiserin": Sie war Inhaberin der alles entscheidenden Hausmacht für Franz und wollte eine protokollarische Nachrangigkeit nicht in aller Form auch noch bestätig sehen. Habsburg war als Großmacht und als Kaiserdynastie wieder hergestellt. Diese Wende herbeigeführt zu haben, war das historische und ganz persönliche Verdienst Maria Theresias, deren engste Berater und selbst ihr Mann ihr am Tiefpunkt der Erbfolgekrise zu Kompromiss und Nachgiebigkeit geraten hatten.

Unbeeindruckt von solch außergewöhnlich schweren Belastungen im Kampf um die Existenz ihrer Dynastie und der Verwaltung ihrer Länder brachte Maria Theresia in kontinuierlicher Abfolge eine große Zahl von Kindern zur Welt. Zwischen 1737 und 1756 gebar sie 16 Kinder, darunter mitten in den anhebenden Kriegshandlungen 1741 den Thronfolger Joseph, ein Ereignis, das in dieser überaus angespannten Situation psychologisch von nicht geringer Bedeutung für sie gewesen war.

Diese Kinder waren dem Namen nach streng genommen keine Habsburger mehr, sondern gemäß ihrem Vater Lothringer. Da die Mutter jedoch den dominanten Erbteil einbrachte, ordnete sich ihre Herkunft nicht wie traditionell üblich der des Mannes einfach unter. Das Herrscherhaus trug jetzt den Doppelnamen Habsburg-Lothringen. Doch hielt sich diese Bezeichnung im weiteren Verlauf nicht, der mächtigere Name setzte sich als der allein verwendete bald wieder durch.

Die theresianischen Reformen

Seit 1746 hatte Maria Theresia außenpolitisch den Rücken so weit frei, dass sie sich einer Reihe durchgreifender Reformen in ihren Ländern widmen konnte. Unter Führung des Grafen Haugwitz ordnete sie die Verwaltung, das Justizwesen, die Staatsfinanzen (Aufhebung der Steuerfreiheit für Adel und Klerus) sowie das Heer

neu. Die Stände verloren dabei beträchtlich an ihrer althergebrachten Autonomie zugunsten einer jetzt forciert aufgebauten effektiven Bürokratie: 5 000 Beamte hatte der Staat zu Beginn von Maria Theresias Regentschaft, an ihrem Ende waren es viermal so viel. Moderne Schulungsstätten, so die Theresianische Akademie in Wien, wurden eingerichtet, in denen die jetzt gebrauchten Funktionseliten für Staat und Armee systematisch ausgebildet wurden. Von entscheidender Bedeutung in dieser Neuorganisation der Erblande war aber die Verschmelzung Österreichs und Böhmens zu einem zentralistisch regierten Einheitsstaat. Böhmen büßte, auch dank des Verlustes von Schlesien, an Gewicht ein, während Ungarn weitgehende Autonomie behielt. Die Doppelmonarchie des 19. Jahrhunderts wurde hier in ihren Anfängen bereits sichtbar.

Maria Theresia war tief religiös und versuchte, ihren Untertanen wie auch ihrer Familie mit Sittenstrenge und anfänglich, wenn auch mit wenig Erfolg, sogar mit „Keuschheitskommissionen" beizukommen. Zugleich jedoch war ihrem Katholizismus eine antirömische Tendenz eigen, indem sie sich Einmischungen der Kurie verbat und die Kirche in den Dienst ihrer staatlichen Interessen stellte. So betrachtete sie etwa eine alte Domäne der Kirche, das Schulwesen, ausschließlich als Angelegenheit des Staates.

Der Anteil Franz Stephans an den Staatsgeschäften ist schwer einzuschätzen. Zwar trug er als Kaiser die höchste Würde, war in der eigentlichen Machtbasis, den Erbländern, aber auf die Rolle eines ziemlich einflusslosen Prinzgemahls reduziert. Ohnehin zeigte er allgemein wenig politischen Ehrgeiz. Franz hatte jedoch bedeutende Fähigkeiten als Verwalter; hervorragend verstand er es, die privaten Vermögensverhältnisse des Hauses Habsburg-Lothringen zu mehren, so dass die Familie reich wurde, und seine Frau bei der Auswahl ihrer Mitarbeiter glücklich zu beraten. Gegen Ende seines Lebens übertrug ihm Maria Theresia noch das Finanz- und Staatsschuldenwesen, in dem er sich mit großem Erfolg bewährte. Auch als Gründer verschiedener Sammlungen, so dem Naturalienkabinett, hat Franz I. gewisse Bedeutung.

Martin van Meytens, Die kaiserliche Familie, 1754; Schloss Schönbrunn

Frankreich als neuer Bündnispartner gegen Friedrich den Großen im Siebenjährigen Krieg

Unter dem seit 1753 als Staatskanzler agierenden Grafen Kaunitz strebte Maria Theresia eine grundlegende Neuorientierung der europäischen Bündnisse an. Nach langen Verhandlungen kam es so zu einer völligen Umkehr der historischen Bündnissysteme. Österreich verbündete sich jetzt nach jahrhundertelanger Feindschaft mit Frankreich, während sein jahrzehntelanger Partner England auf Distanz ging und sich mit Preußen zusammentat. Von dieser grundlegend neuen Konstellation in Europa erhoffte Maria Theresia sich auch die Möglichkeit, Schlesien wieder zurückzuerobern. Schon bald brach ein neuer, jetzt gegen Preußen gerichteter Krieg aus: der Siebenjährige Krieg (1756–1763). Maria Theresia wurde darin nicht nur von Frankreich, dem sie dafür Gebietsgewinne in den österreichischen Niederlanden in Aussicht stellte, sondern anfänglich auch von Russland unterstützt. Preußen, das zunächst in die Offensive gegangen war und sogar Prag besetzt hatte, geriet bald in die Defensive. Friedrich II. musste eine Reihe vernichtender Niederlagen, am Ende auch noch die Aufkündigung der Unterstützung durch England hinnehmen. Berlin und Potsdam wurden zeitweilig von österreichischen Truppen besetzt. Friedrich stand am Rande seiner Vernichtung; hätte die Koalition gegen ihn gehalten, er wäre 1761 womöglich am Ende gewesen. Doch der Tod der Zarin Elisabeth zu Beginn des Jahres 1762 und die Inthronisation ihres Nachfolgers Zar Peter III. brachten die Wende. Peter, ein Bewunderer Friedrichs, schloss Frieden mit ihm. Mit diesem Ausscheren Russlands waren die Kriegsziele Maria Theresias nicht mehr zu erreichen, und Friedrich vermochte seine Position wieder zu konsolidieren. Im Frieden von Hubertusburg, der 1763 den Krieg beendete, gelang es ihm schließlich, Schlesien endgültig zu behaupten. Teil dieser Vereinbarung war die Zustimmung Friedrichs zur Wahl Josephs zum römisch-deutschen König, die 1764 erfolgte.

Seit Frankreich zum neuen Bündnispartner geworden war, verfolgte Maria Theresia entsprechende Pläne für die Verheiratung ihrer Kinder. Die Bourbonen – nicht nur in Frankreich, sondern auch in Spanien und in ihren Ablegern in Neapel und in Parma – wurden ihr dabei zu den bevorzugten Partnern. Zwischen 1760 und 1770 stiftete sie fünf Ehen zwischen ihren Kindern und Abkömmlingen der französisch-spanischen Königssippe. Dadurch wurden insbesondere die Verbindungen zu den italienischen Territorien intensiviert, wo im Übrigen auch die Toskana als Erbschaft ihres Mannes und Mailand mit nachgeborenen Söhnen zu besetzen waren. Diesen nüchternen politischen Interessenbündnissen ordnete sie das persönliche Schicksal ihrer Söhne und Töchter bisweilen rigoros unter. Joseph, der Thronfolger, war in erster Ehe glücklich mit Isabella von Parma – einer Enkelin Ludwigs XV. – verheiratet. Nachdem sie gestorben war, zwang ihm Maria Theresia aus politischer Raison die unansehnliche bayerische Prinzessin Maria Josepha auf, was wesentlich zum gespannten Verhältnis zwischen Mutter und Sohn, das sich später einstellte, beitrug. Die

Verheiratung Marie Antoinettes mit dem Thronfolger Frankreichs 1770 erfüllte sie mit großen Hoffnungen für das Bündnis, doch hatte sie nach der Ankunft der jungen unbedarften und leichtlebigen Prinzessin am Hof von Versailles schon bald allen Grund für dunkle Ahnungen, die sich ein Menschenalter später dramatisch bewahrheiten sollten.

Die schwierige Doppelregentschaft von Maria Theresia und Joseph II. 1765–1780

Eine denkbar tiefe Zäsur im Leben Maria Theresias bildete 1765 der plötzliche Tod ihres Ehemannes, Kaiser Franz' I., dem sie einen großen Teil ihres privaten Lebensglücks zu verdanken gehabt hatte. Dieser jähe Schicksalsschlag leitete eine depressiv gestimmte Phase der Witwenschaft ein, die von vielen Sorgen um ihre Familie beschwert war. Joseph folgte seinem Vater als Kaiser nach und wurde von Maria Theresia zum Mitregenten über die Erblande erhoben. Die damit gegebene Konstellation war nicht einfach und barg manchen Konflikt. Geschlecht, Generation und Intention, Sentiment hier, charakterliche Verpanzerung dort trennten beide Regenten, die doch gleichzeitig in denkbar enger Bindung zueinander standen. Mütterliches Patriarchat und jugendlicher Ehrgeiz kamen sich verschiedentlich in die Quere. Schon die Umstände von Josephs Geburt waren ungewöhnlich gewesen. Joseph war der lange ersehnte Thronfolger, der nach drei Mädchengeburten und dem Aussterben der Familie im Mannesstamm

Die schwarze Umrandungslinie kennzeichnet das Heilige Römische Reich im 18. Jahrhundert; braune Markierungen in Südosteuropa, in Südbaden, dem heutigen Belgien, Mailand und die Toskana waren habsburgisch

just am Tiefpunkt der Erbfolgekrise im März 1741 endlich zur Welt gekommen war. Maria Theresia vergötterte das Kind als „Retter" seines Volkes und trug so nicht wenig zu jener enormen Überhöhung bei, aus der Joseph schon bald kindlich prinzenhafte Allüren und einen unverhohlenen Hochmut entwickelte, der ihm auch in späteren Jahren erhalten bleiben sollte. Wohl war er begabt, klug und aufgeschlossen gegenüber allem Neuen und trat in seinem persönlichen Lebenszuschnitt eher bürgerlich bescheiden als barock und königlich-repräsentativ auf. Die Ziele, die er sich als künftiger Herrscher steckte, waren aber denkbar ehrgeizig. Bereits in seiner Kronprinzenzeit hatte er im Geist des aufgeklärten Absolutismus allerhand Traditionen und feudalen Vorrechten den Kampf angesagt und die rechtliche Gleichheit der Untertanen sowie die Anerkennung des persönlichen Verdienstes propagiert. Doch im Umgang mit Anderen, später auch und gerade mit seinen Untertanen ließ er es im Gegensatz zu seiner Mutter aus Ungeduld häufig am nötigen Gespür für das Angemessene und Machbare fehlen. Gegen die Mutter gerichtet war wohl auch die beharrliche Weigerung, nach dem frühen Tod der aufgezwungenen und ungeliebten zweiten Ehefrau zur Sicherung der Thronfolge eine dritte Ehe einzugehen. Da sein Bruder Leopold bald schon reichhaltigen Nachwuchs hatte, sah er dieses Problem als erledigt an. Die gemeinsame Regentschaft beider so unterschiedlicher Herrscherfiguren ließ dem Sohn vorerst nicht die nötige Freiheit. In seiner Zeit als Mitregent seiner Mutter begab Joseph sich daher häufig auf Reisen in seine Länder, was ihm in seinem Volk große Sympathien einbrachte, aber auch ins Ausland, wo er die Lage vor Ort genau studierte. So besuchte er 1777 voller Neugier auf die zivilisatorischen Errungenschaften auch Frankreich und intervenierte im Auftrag der Mutter dabei nebenbei auch in den Eheproblemen, die seine junge Schwester Marie Antoinette seit Jahren mit Ludwig XVI. hatte – mit Erfolg: Dank seinem Rat wurde Marie Antoinette nach siebenjährigem vergeblichem Bemühen endlich schwanger.

Ansonsten gab es verschiedentlich Initiativen, bei denen Joseph sich die Missbilligung seiner Mutter zuzog. Zweimal traf er sich zu ihrem Leidwesen mit dem von ihm bewunderten Friedrich II. von Preußen, dessen Modernität ihm imponierte. Der von ihm und Kanzler Kaunitz gemeinsam mit Preußen und Russland betriebenen ersten Teilung Polens 1772 stimmte sie nur mit äußerstem Widerstreben und gegen die Stimme ihres eigenen Gewissens zu. Auch Josephs Vorgehen gegen Bayern, dessen herzogliche Linie 1777 ausstarb, missfiel ihr. Gemäß der Wittelsbacher Hausunion war die pfälzische Line der Erbe, doch Joseph erhob wegen entsprechend enger verwandtschaft-

licher Bindungen ebenfalls Ansprüche. Den von ihm angestrengten, wenn auch wenig ausgreifenden Bayerischen Erbfolgekrieg 1777/78 unternahm er gegen den Einspruch seiner Mutter und Mitregentin. Mehr als ein kleines Stückchen Land, das Innviertel, brachte er ihm allerdings nicht ein.

Maria Theresia starb 1780. Kaum sonst war für das Schicksal ihres Hauses und ihrer Lande so viel am unmittelbaren Einsatz einer einzelnen Person gehangen wie zu Beginn ihrer Herrschaft Anfang der 1740er Jahre. In der langen Reihe der Habsburger Herrscherfiguren ist sie eine herausragende Persönlichkeit – nicht allein deshalb, weil sie die einzige Frau des Geschlechts war, die aus eigener Machtvollkommenheit zur Regentschaft gelangte, sondern auch dank ihrer überdurchschnittlichen Begabung für das Herrscheramt, ihrer außerordentlichen Standfestigkeit angesichts der epochalen Herausforderung, der sie sich gegenüber sah, und der natürlichen Ausstrahlung, die sie zweifach als Mutter hatte: als Mutter einer übergroßen Herrscherfamilie und als Mutter ihrer Länder, als die sie sich empfand und als die sie von ihren Untertanen gesehen und verehrt wurde.

Das ehrgeizige Reformprogramm Josephs II.

Mit ihrem Tod wurde Joseph zum Alleinherrscher in den Erblanden. Erst jetzt hatte er wirklich freie Hand. Zielstrebig ging er mit einem umfassenden Programm nun eine rigorose Modernisierung seiner Länder an. Eine der ersten Maßnahmen galt der Einschränkung der Pfründe des Hofadels und der Trennung des Vermögens von Staat und Herrscherhaus. Tiefgreifend waren die sogleich begonnen Neuerungen auf kirchlichem Gebiet im Geiste einer katholischen Aufklärung, die unter dem Begriff „Josephinismus" in die Geschichte eingingen: 1781 erließ Joseph ein Toleranzpatent, das nichtkatholischen Konfessionen Religionsfreiheit und politische Gleichberechtigung einräumte; 1782 wurde es auch auf die Juden ausgedehnt, von denen Joseph sich eine Assimilation erhoffte. Im gleichen Jahr erfolgte die Aufhebung aller kontemplativer Orden, die sich nicht in Kranken- und Armenpflege oder der Jugenderziehung betätigten, und somit die Auflösung von mehr als 700 Klöstern. Deren Vermögen vereinnahmte der Staat und verwendete es u.a. für den Bau von Schulen. Auch die Priesterausbildung wurde verstaatlicht, Feiertage verringert, Prozessionen und Wallfahrten verboten und der Einfluss der Kurie weiter zurückgedrängt. Auch Papst Pius VI., der sich zur Abwehr dieser Maßnahmen 1782 zu Joseph nach Wien begab, konnte ihn nicht davon abbringen. Ehrgeizig waren Josephs Pläne auch hinsichtlich der Verbesserung der Lage der unteren Volksschichten. In Wien ließ er ein großes Allgemeines Krankenhaus erbauen und Altersheime, Findel- und Waisenhäuser errichten. Die Leibeigenschaft der bäuerlichen Untertanen wurde aufgehoben; doch scheiterte Josephs Versuch, die feudalen Lasten zugunsten einer die Grundherren und Bauern gleichermaßen belastenden

Der junge Erzherzog Leopold (links) und sein Bruder Kaiser Joseph II.; Pompeo Batoni; 1769; Kunsthistorisches Museum Wien

allgemeinen Steuer aufzuheben, sowohl am Widerstand des Adels wie an der Verunsicherung der Bauern. In der Wirtschaftspolitik blieb Joseph dem Merkantilismus verhaftet und erließ erste Verordnungen zum Schutz von Fabrikarbeitern. Volksschulen wurden von ihm beträchtlich vermehrt, während höhere Schulen oder die Forschung keine Förderung fanden, da der utilitaristisch denkende Joseph sie als unnötig ansah und vor allen Dingen große Scharen gut ausgebildeter Beamter brauchte. Die Zensur wurde unter Joseph gelockert, so dass sich eine weitgehend freie Presse entwickelte.

Verbunden waren all diese Reformprogramme mit einer großen Ausweitung der staatlichen Sphäre und der Verwaltung. Die Landstände wurden endgültig marginalisiert und Polizei und Spitzelwesen ausgebaut. Die Rechtsgleichheit erfuhr weitere Förderung, indem man die ständische Sondergerichtsbarkeit aufhob und damit auch den Adel der allgemeinen Rechtsprechung unterwarf. Die Todesstrafe warf, dafür aber entehrende Strafen wie das Prangerstehen mit dem Ziel der Abschreckung ausgeweitet.

Josephs massive Aktion der bürokratisch betriebenen Vereinheitlichung und Aufwertung seiner Länder und seiner Untertanen ließen keinerlei Gespür für eingesessene Gewohnheiten, Rechte, Privilegien und Traditionen erkennen. Es ist somit wenig verwunderlich, dass er mit dieser kompromisslos betriebenen Modernisierungspolitik nicht nur auf Bewunderung, sondern vielfach auch auf Widerstände stieß, die sich teilweise sogar in offenem Aufruhr entluden. Besonders dramatisch musste er dies in Ungarn erfahren, wo er Deutsch als neue Amtssprache einführte, die adlige Selbstverwaltung der Komitate durch Distrikte ersetzte und sich gänzlich instinktlos zur Überführung der Stephanskrone, noch immer einem zentralen Symbol der ungarischen Nation, nach Wien hinreißen ließ. Auch in den österreichischen Niederlanden (Belgien) kam es zur offenen Rebellion, vor allem wegen der Religionspolitik; die Niederlande gerieten schließlich so weit außer Kontrolle, dass Joseph gegen Ende seines Lebens noch erleben musste, dass sie sich mit Unterstützung Hollands, Großbritanniens und Preußens unabhängig erklärten. Auch außenpolitisch agierte Joseph eher unglücklich. Schon bei der Frage der bayerischen Erbfolgekrise von 1777 hatte er unrealistisch den Plan gehegt, den Pfälzer Wittelsbachern im Tausch für Bayern die

niederländischen Besitzungen zu geben, und musste feststellen, dass die deutschen Fürsten, insbesondere der bewunderte Friedrich II. von Preußen, einen solchen Machtzuwachs des Kaisers nicht zu dulden bereit waren. Der Schulterschluss mit Zarin Katharina II. von Russland führte zu einem erneuten Krieg mit den Türken, in dem Joseph als Oberbefehlshaber unglücklich agierte; erst als er das Kommando an seinen Feldmarschall Laudon übergab, konnte mit der Einnahme Belgrads ein Sieg erreicht werden.

Der Französischen Revolution, die in vielen Punkten mit seinem Regierungsprogramm gleichzog, begegnete Joseph mit Misstrauen, wohl sehend, dass sie sich – ganz unmittelbar auch in der Person seiner Schwester Marie Antoinette – gegen seinen eigenen Stand richtete. Da die inneren und äußeren Widerstände gegen seine übereilte und wenig einfühlsame Modernisierungs- und Machtpolitik überhandnahmen, sah er sich im Winter 1789/90, als er gesundheitlich aufgerieben bereits auf dem Sterbebett lag, zur Rücknahme zahlreicher seiner Reformen veranlasst. Joseph starb am 20. Februar 1790 im Bewusstsein, dass sein Lebenswerk weitgehend gescheitert war. Erhalten blieb zunächst nur das Toleranzpatent, die wichtigsten der kirchlichen Neuerungen und die Aufhebung der Leibeigenschaft. Unter den Königen und Kaisern des Deutschen Reiches hatte Joseph mit der Komplexität, Vielfalt und Durchschlagskraft seines Reformprogramms etwas völlig Neues erreicht. Nie zuvor haben Herrscher so über die Machtsphäre im engeren Sinne

hinaus so breit und tief in die unmittelbaren Lebensverhältnisse ihrer
Untertanen hineingewirkt und ihren
Alltag mit friedlichen Mitteln umge-
staltet. Wenn Joseph am Beharrungs-
vermögen eingesessener Lebens-
welten scheitern musste, so war dieses
Scheitern doch temporär und hatte
seinen Grund mehr in der Methode
als in den Inhalten seiner Politik.
Vieles davon, etwa seine Entmach-
tung des Adels, seine Säkularisie-
rungspolitik, seine Vorstellungen zur
Rechtsgleichheit u. v. a. m., wurde
auch durch die Französische Revolution angegangen und dadurch bald
schon welthistorisches Allgemein-
gut. Liberale haben ihn später oft als
einen ihrer Vorläufer gesehen, ließen
dabei aber die Züge einer bürokratisch organisierten Modernisie-
rungsdiktatur, die seinem Regierungs-
stil eigen waren, gewiss etwas unter-
beleuchtet.

Das Zwischenspiel eines Hoffnungsträgers – Leopold II. 1790–1792

Die Nachfolge und vielfach auch sein
aufgeklärtes geistiges Erbe trat 1790
sein Bruder Leopold an. Wären Zeit,
Umstände und Lebensdauer andere
gewesen als sie es tatsächlich waren,
hätte Leopold eine der großen Herrscherfiguren der europäischen Geschichte werden können.
Als drittgeborener Sohn Maria
Theresias und Kaiser Franz' I. hatte
Erzherzog Leopold ursprünglich
wenig Aussicht, dereinst auf den
Kaiserthron zu kommen. 1765 trat er
in jungen Jahren als Großherzog der
Toskana das Erbe des Vaters an, wo

er die nächsten fast 25 Jahre seines
Lebens verbringen sollte und wo in
der Folge fast alle seiner 16 Kinder
geboren wurden. Hier entfaltete er
schon sehr bald eine außerordentlich
segensreiche Tätigkeit als grund-
legender Reformer aller bürgerlichen
und öffentlichen Lebensbereiche. Da
er dabei sehr viel geschickter vorging
als sein Bruder in den Erblanden,
hatte er mit ihrer Verwirklichung im
Allgemeinen größeren Erfolg und
verstand es so, die Toskana zu einem
Musterland der Aufklärung in Europa zu machen. Herausragend war
auch hier die Befreiung der Bauern
aus dem Feudalsystem, die Einführung der Gewerbefreiheit, eine
grundlegende Reform der Rechtsprechung, wodurch die Rechtsgleichheit vorangetrieben und Folter,
Todesstrafe und Geheimprozesse
abgeschafft wurden, die Einführung
religiöser Toleranz gegenüber den
Konfessionen und den Juden, die
Umwandlung zahlreicher Klöster in
Schulen, Besserungsanstalten und
Krankenhäuser und vieles andere
mehr.
Durch wiederholte gegenseitige Be-
suche blieb der Kontakt zur Familie
in Wien eng. Zu seinem Bruder
Joseph, der prinzipiell sehr ähnliche
politische Ziele verfolgte wie er, hatte
er wegen verschiedener Interessenkonflikte, aber auch wegen dessen
Charakter, den er als despotisch empfand, ein schwieriges Verhältnis. Von
dessen Form des bürokratisch-zen-
tralistischen Absolutismus rückte er
ab und bemühte sich, in der Toskana
eine Repräsentativverfassung ein-
zuführen, in der er Elemente der
tradierten ständischen Selbstverwaltung mit der Wahl von Volksver-

tretern, wie sie die Schweizer Kantone oder die Verfassung von Pennsylvania von 1776 vorsahen, miteinander kombinieren wollte. Zur Realisierung dieser der Zeit weit vorauseilenden Pläne kam es allerdings nicht, da Joseph seinen Bruder zwingen wollte, die Toskana mit den Erblanden zu vereinigen. Auch bestand er darauf, dass Leopold seinen ältesten Sohn Franz, der der Nachfolger in Österreich und auf dem Kaiserthron sein würde, nach Wien schickte, damit er ihn seinen Vorstellungen entsprechend erziehen konnte.

Als Joseph 1790 dann verstarb, gab Leopold seine Tätigkeit in der Toskana auf und trat die Nachfolge seines Bruders in den Erblanden und als Kaiser an. Josephs Hinterlassenschaft war ob der Missstimmung, die seine rigorosen Reformmaßnahmen bei vielen seiner Untertanen und Länder hinterlassen hatten, prekär. Seine starre Machtpolitik hatte darüber hinaus auch auswärtige Mächte, so vor allem Preußen, gegen Österreich in Stellung gebracht. In den Erblanden nahm Leopold verschiedene Reformen, die Joseph zu überstürzt eingeführt hatte, wieder zurück, so etwa im Steuerwesen. Auch versuchte er den zentralistischen Beamtenstaat, den Joseph aufgebaut hatte, zu minimieren, indem er sich bemühte, mit Hilfe modernisierter Landstände das Element der regionalen Selbstverwaltung wieder zu stärken. Da ihm auch ein

Ausgleich mit Preußen gelang und dieses somit seine Unterstützung für die rebellierenden Stände in den Niederlanden aufgab, konnte Leopold auch dort wieder Fuß fassen.

Die Französische Revolution begrüßte Leopold wegen der konstitutionellen Forderungen, die sie in ihrer ersten Phase vertrat und die sich mit seinen eigenen Ideen weitgehend deckten, zunächst freudig. Wohl sorgte er sich um die Sicherheit des französischen Königspaares und damit seiner Schwester Marie Antoinette, doch unterschätzte er lange die Gefahren, die vom revolutionären Frankreich ausgingen. Erst im Februar 1792 unternahm er Schritte zu einer ersten Koalition mit Preußen gegen Frankreich. Die weitere Entwicklung erlebte er jedoch nicht mehr. Völlig überraschend starb er am 1. März 1792. Die Todesursache war nicht, wie oft kolportiert, eine Vergiftung durch seine Gegner, sondern eine Brustfellentzündung.

Leopold II. war für seine Zeit einer der modernsten und fortschrittlichsten Herrscher, der es im Gegensatz zu seinem Bruder verstanden hat, auch die Menschen für seine zukunftsweisenden Ideen zu gewinnen. Als Herrscher der österreichischen Erblande und als Kaiser war ihm aber mit zwei bzw. eineinhalb Jahren eine zu kurze Zeitspanne bestimmt. Hätte sie länger gedauert, hätte aber wohl auch er nicht verhindern können, dass Frankreich das Gesetz des Handelns an sich reißt.

11. NIEDERGANG UND ÜBERGANG
– Altes und neues Habsburger Kaisertum im Zeitalter Napoleons

Franz II. als Gegenspieler der Revolution

Als Kaiser Leopold knapp 45-jährig mitten in der Fülle seines Lebens plötzlich verstarb, war sein Lebenswerk – die moderate und beständige Reform aller Lebensverhältnisse im Geist des aufgeklärten Absolutismus – noch nicht vollendet. So zufällig sein Tod gewesen sein mag, er ereignete sich just zu einem Zeitpunkt, der zugleich einen historischen Epochenbruch markierte. Für seine wegweisende Art des Regierens verengten sich die Entfaltungsspielräume seit den frühen 1790er-Jahren nun rapide. Etwas Neues brach an: ein Zeitalter der Extreme. Schwappte aus Frankreich ein revolutionärer Furor über Europa, der zeitweise in offenen Terror umschlug, so manifestierte sich bei den Gegnern der Revolution und insbesondere in Österreich immer mehr eine reaktionäre Tendenz. Wäre Leopold nicht gestorben, die Umstände hätten womöglich auch ihn zu einer Politik gezwungen, die sein historisches Bild als einer der hoffnungsvollsten Figuren unter den Herrschern des Ancien Régimes nachhaltig getrübt hätte. So übernahm ein neuer Mann, sein Sohn Franz II., seine Position. Franz aber war von sehr viel bescheidenerer Geistesart als seine beiden Vorgänger auf dem Kaiserthron und hatte ungleich weniger reformerischen Ehrgeiz als sie. Mehr noch, je länger, desto mehr war er aus innerer Überzeugung bereit, den Part eines führenden historischen Gegenspielers der Revolution einzunehmen.

Bereits die letzte Phase in der kurzen Regierungszeit seines Vaters war von den Ereignissen in Frankreich überschattet. Dessen Schwester, Königin Marie Antoinette, die durch ihr gleichermaßen unbedarftes wie hochmütiges Auftreten ihren Teil zum Ausbruch der Revolution beigetragen hatte, war mit der königlichen Familie von einer revolutionär gesonnenen Volksmasse zur Übersiedlung von Schloss Versailles nach Paris gezwungen worden. Ein Fluchtversuch im Juni 1791, der die antiroyale Stimmung in Frankreich anheizte, misslang und brachte der königlichen Familie bald Arrest im Gefängnis ein. Belastend für Marie Antoinette war es, dass sie, die in dem Land, dessen Königin sie durch Heirat geworden war, ohnehin meist als Österreicherin angesehen wurde, nun immer mehr darauf setzte, das Ausland würde durch kriegerische Intervention die königliche Macht in Frankreich wieder restituieren. Nicht zuletzt diese Sorge um die königliche Familie in Paris ließ bei ihrer österreichischen Verwandtschaft die Missstimmung gegen die revolutionären Umtriebe beträchtlich wachsen.

Am 20. April 1792, nur wenige Tage nach dem Tod Kaiser Leopolds, erklärte Frankreich Österreich und Preußen, die unterdessen ihre Differenzen beigelegt und angesichts der Drohung aus dem Westen ein Defensivbündnis geschlossen hatten, den Krieg. Es war der Auftakt eines mehr als zwanzigjährigen Ringens der Habsburger mit dem revolutionären Frankreich, aber auch der Auftakt zum Ende des Alten Reiches: Wohl erfolgte unter dem Eindruck dieser Ereignisse die Wahl von Franz zum Kaiser schnell und einmütig, aber hellsichtige Beobachter mochte schon damals die Ahnung befallen haben, es könnte die letzte ihrer Art gewesen sein.

Ein wichtiges Ziel der Habsburger in dem soeben ausgebrochenen ersten Koalitionskrieg gegen Frankreich, die Befreiung der französischen Königsfamilie, wurde nicht erreicht; 1793 hat man Ludwig XVI. und Marie

Marie Antoinette, Gemälde von Martin van Meytens; 1767/68, Schloss Schönbrunn

Antoinette hingerichtet. Diese Ereignisse verschärften die kriegerische Situation: Großbritannien, Holland, Spanien und andere Mächte beteiligten sich nun daran, während auf der anderen Seite die revolutionäre Stimmung in Frankreich beträchtlich anschwoll und zu einer breiten Mobilmachung führte. Das Kriegsgeschick zwischen beiden Lagern entwickelte sich wechselhaft: Die Koalition drang zeitweise tief auf französisches Gebiet vor, doch den Franzosen gelang die Gegenoffensive, so dass sie bald auf deutschen Territorien operierten. In der Koalition gab es unterdessen erste Brüche. Preußen nahm 1793 mit Russland die zweite Teilung Polens vor, bei der sie Österreich außen vor hielten. Das entfremdete die Partner in der antifranzösischen Koalition: Preußen schloss 1795 in Basel Frieden mit Frankreich, dem es daraufhin gelang, Österreich in die Defensive zu drängen. Zwar konnten die Franzosen nicht bis nach Österreich durchmarschieren, aber von Italien her kommend gelangten sie bis nach Kärnten. 1797 wurde der fünfjährige Kampf mit dem Frieden von Campo Formio zunächst beendet. Frankreich behielt die Oberhand und konnte sich in den linksrheinischen Gebieten des Deutschen Reichs festsetzen, während Österreich selbst Gebietsverluste in Italien, in den Vorlanden (Breisgau) und in seinen niederländischen Besitzungen hinnehmen musste. Andererseits hatte es aus der zwei Jahre zuvor 1795 stattgefundenen dritten Teilung Polens Gebietsgewinne im Osten neu zu verzeichnen und konnte sein Territorium um Krakau und Westgalizien erweitern.

Franz hatte einen Krieg verloren, aber deshalb war er noch lange nicht bereit, die Expansion des revolutionären Frankreich zu akzeptieren. Schon ein Jahr nach dem Friedensschluss kam mit Unterstützung Großbritanniens und unter Beteiligung Russlands und anderer Mächte – nicht aber Preußens – eine neue Koalition zustande. Ihr Gegenspieler auf französischer Seite war jetzt mehr noch als im vorigen Krieg Napoleon, der zu diesem Zeitpunkt allerdings vielfach im Nahen Osten operierte. Uneinigkeit der Partner und das Kriegsgeschick Napoleons führten dazu, dass Frankreich erneut die Oberhand behielt und dem Reich im Frieden von Lunéville 1801 seine Bedingungen diktieren konnte. Frankreichs Besetzung des linken Rheinufers wurde jetzt durch Annexion der betroffenen Territorien bestätigt; den Reichsfürsten, die dort ihre Länder verloren, wurde Entschädigung auf der rechten Rheinseite in Aussicht gestellt.

Die Auflösung des Alten Reiches

Dies geschah 1803 mit dem Reichsdeputationshauptschluss, der eine entscheidende Zäsur in der Territorialentwicklung Deutschlands bezeichnet. Die zahlreichen Sprengel in Kirchenbesitz mit samt ihren Immobilien und Kulturschätzen, aber auch mit allen Pflichten, die für das Gemeinwesen daran hingen, wurden säkularisiert. Darüber hinaus verloren – mit wenigen Ausnahmen – auch die Reichsstädte sowie viele kleinere weltliche Herrschaften ihre territoriale Autonomie und gingen in den neu entstehenden größeren Flächenstaaten auf. 112 Reichsstände rechts des Rheins waren von dieser Maßnahme betroffen. So wurde die unübersichtliche Vielzahl kleiner Herrschaften des mittelalterlichen Reiches zugunsten neuer lebensfähiger Territorialstaaten bereinigt, und insbesondere in Süddeutschland zeichneten sich Ländergrenzen ab, die teilweise noch in der Gestalt der heutigen Bundesländer erkennbar sind. Die rheinischen Kurfürstentümer waren mit der napoleonischen Annexion ihrer Gebiete untergegangen; an ihrer Stelle erhielten mit Baden, Württemberg, Hessen-Kassel und Salzburg vier Staaten die Kurwürde neu zugesprochen.

Symbolisch hatte diese zuletzt genannte Maßnahme noch eine gewisse Bedeutung, insofern sich die Gewichte im Kurkolleg damit zum Protestantismus hin verschoben, was mit der römisch-katholischen Basis des Kaisertums kollidierte. Aber praktische Bedeutung hatte es nicht mehr, da die rechtlichen und politischen Grundlagen des alten Reiches durch den Hauptschluss so weit verändert worden waren, dass sich dessen Ende jetzt ohnehin deutlich abzeichnete. In einer schnellen Folge von Ereignissen vollzog sich innerhalb weniger Jahre der Niedergang. 1804 kündigte Napoleon an, er werde sich zum Kaiser der Franzosen erheben. Als Reaktion darauf rief Franz nun ein neues Kaisertum für die österreichischen Erblande (einschließlich Böhmens) aus. Staatsrechtlich war es eine Neuschöpfung und stand nicht, zumindest nicht direkt in der Tradition des römisch-deutschen Kaisertums. Nicht durch Wahl, sondern durch

Erbe innerhalb der habsburgischen Familie sollte der Nachfolger hier bestimmt werden. Auch fungierten die alte ottonische Kaiserkrone und die Reichsinsignien, die Franz von ihrem traditionellen Aufbewahrungsort Nürnberg nach Wien verbringen ließ, um sie vor dem Zugriff Napoleons zu schützen, nicht als Zeichen für das neue österreichische Kaisertum; dafür fand die Hauskrone Rudolfs II. von 1602 Verwendung (vgl. o. S. 26). Schließlich begann auch die Zählung der Kaiser neu, so dass Franz in Österreich nun als Franz I. auftrat. Für einen kurzen historischen Augenblick zwischen 1804 und 1806 trug Franz somit zwei Kaiserkronen und -titel.

Unterdessen gelang es Napoleon, über die auf dem linken Rheinufer annektierten Gebiete hinaus immer mehr Einfluss in Deutschland zu erlangen. Als es 1805 (bei erneuter Neutralität Preußens) zu einem dritten Koalitionskrieg kam, der mit der Schlacht von Austerlitz wiederum zu Gunsten Frankreichs ausging, standen die neuen Staaten im Süden und in der Mitte Deutschlands (Bayern, Baden, Württemberg, Hessen etc.), die unter dem Protektorat Napoleons eben erst neu formiert worden waren, bereits auf dessen Seite. Von den Gebietsverlusten, die Österreich jetzt erneut hinzunehmen hatte, profitierten diese deutschen Verbündeten Frankreichs: Bayern bekam u. a. Tirol, was bei der dortigen Bevölkerung allerdings auf Missfallen stieß und bald schon Widerspruchsgeist wachrief.

Franz I. im österreichischen Kaiserornat, Friedrich von Amerling, Wien 1832, Schatzkammer Wien; der Kaiser trägt die Krone Rudolfs II. und das dazugehörige Zepter sowie die Collanen der vier österreichischen Hausorden, deren Großmeister er war.

Karte des Rheinbunds

In der Folge kam es auf Initiative von Napoleon zum Zusammenschluss dieser Staaten im Rheinbund; 1806 waren es zunächst 16, wenig später schlossen sich weitere an. Österreich und Preußen hielten sich jedoch fern; das Reich driftete auseinander. Dies umso mehr, als die Rheinbundstaaten schließlich ihren Austritt aus dem Reich erklärten und sich ihrem Protektor Napoleon anschlossen.

Auch konnten die Fürsten Bayerns, Württembergs und Sachsens ihre prestigeträchtige Rangerhöhung zum König durchsetzen. Diese innere Spaltung bedeutete das definitive Ende des Alten Reichs. Nur wenige Tage nach der Austrittserklärung der Rheinbundstaaten legte Franz II. am 6. August 1806 die alte Kaiserkrone nieder. Das Heilige Römische Reich Deutscher Nation war tausend

Jahre nach seinen Anfängen im Karolingerreich und 850 Jahre nach seiner mehr deutschen Fundierung durch Otto den Großen damit erloschen; das Habsburger Kaisertum bestand auf neuer Grundlage allein in Österreich weiter.

Napoleon auf dem Scheitelpunkt seiner Macht

Franz konnte den weiteren Aufstieg Napoleons zum Herrscher und Modernisierer Mitteleuropas nicht aufhalten. In einem vierten Koalitionskrieg 1806/07, der jetzt vor allem von Preußen im Bündnis mit Russland losgetreten wurde, erwies sich Napoleon in der Entscheidungsschlacht von Jena und Auerstedt einmal mehr als der geschicktere und überlegene Feldherr. Jetzt traf sein Strafgericht Preußen, das große Teile seiner westlichen Gebiete abtreten musste und bis zur Elbe zurückgedrängt wurde. Doch für Preußen war diese schmerzliche

Napoleon zu Pferde; von S. Meister, 1832; Städtisches Museum Simeonstift Trier

Niederlage zugleich ein heilsamer Schock. Konsequent wurden unter Leitung des Reichsfreiherrn vom Stein und des Freiherrn von Hardenberg jetzt umfassende Reformen der gesamten Lebensverhältnisse angegangen, die Preußen einen beträchtlichen Modernisierungsschub brachten. Etwas Vergleichbares gab es in der Habsburgermonarchie nicht, wo Reformansätze (Strafgesetzbuch 1803, Allgemeines bürgerliches Gesetzbuch 1811) überschaubar blieben und manche Neuerungen, die bereits Joseph II. im Schulwesen vorgenommen hatte, jetzt sogar wieder rückgängig gemacht wurden. Österreich wollte sich nicht unter solchen Umständen auf die Moderne einlassen; Kaiser Franz war nicht der Mann, dem es gegeben war, die Flucht nach vorne zu ergreifen und seinem Land so womöglich einen zukunftsträchtigen Weg zu weisen. So scherte Österreich hier in mancher Hinsicht aus einer allgemeinen Entwicklung in Deutschland aus, die ja nicht nur in Preußen, sondern vor allem auch in den von Frankreich annektierten linksrheinischen Gebieten und den Staaten des Rheinbundes von Napoleon, seinen Statthaltern und Verbündeten unter den dortigen Fürsten vorangetrieben wurde.

Erneut versuchte Kaiser Franz 1809 kriegerisch gegen Napoleon vorzugehen und Volksaufstände gegen ihn zu initiieren (so vor allem unter Führung von Andreas Hofer in Tirol). Wieder blieb Napoleon in diesen Kämpfen Sieger und zwang seinen Gegenspieler in dessen Residenz Schönbrunn zu einem Friedensschluss, der erneut große Gebietsabtretungen für Österreich, hohe

Kriegsentschädigungen und eine erzwungene Reduktion des Heeres zur Folge hatte.

Napoleons Siegeszug schien unaufhaltsam; Österreich war jetzt endgültig in seine Abhängigkeit geraten. Doch nun brachte Franz einen Mann in Stellung, der zunächst das Bündnis *mit* Napoleon suchte, ungleich wirksamer dann aber Politik *gegen* ihn und schließlich für lange Zeit Politik *nach* ihm zu entfalten vermochte: Klemens Graf von Metternich. 1809 berief Franz den fähigen Diplomaten zum Außenminister seines Landes. Metternich war Kosmopolit und Grandseigneur. Er war gebildet, hoch intelligent, bald schon ein Staatsmann von historischem Format mit der Fähigkeit, in großen europäischen Zusammenhängen zu denken und Entwicklungen langfristig zu überblicken. In diesem Habitus war er seinem Dienstherrn, dem eher ängstlichen und kleinlich agierenden Kaiser Franz weit überlegen; er war es daher, der über Jahrzehnte die Regie in der österreichischen Politik führen sollte. Metternichs vorrangiges Interesse an friedenswahrender Stabilität in den Verhältnissen des europäischen Staatensystems machte ihn dabei zum Feind aller revolutionären und romantischen, damit aller nationalen Bestrebungen. An diesem Punkt traf er sich mit seinem Dienstherrn; beide standen ablehnend gegenüber allen Veränderungen hergebrachter Ordnungen und Hierarchien.

Nach dem Zusammenbruch von 1809, der wenig später durch einen Staatsbankrott noch weiter verschärft wurde, suchte Metternich zunächst das Bündnis mit dem siegreichen

Klemens Wenzel von Metternich, Gemälde von Thomas Lawrence, ca. 1820–1825; Kunsthistorisches Museum Wien

Napoleon. Dieser hatte sich eben von seiner ersten Gemahlin scheiden lassen, da die Ehe ohne Kinder geblieben war, und suchte nun nach einer Möglichkeit, sich durch eine entsprechende Heirat dynastische Legitimität zu verschaffen. Sein Werben um eine russische Großfürstin scheiterte am Einspruch des Zaren. Napoleon nahm daher die älteste Tochter von Kaiser Franz, Marie Louise, in den Blick. Metternich gelang es, Franz gegen anfängliches Widerstreben von den Vorteilen einer solchen Heirat zu überzeugen. 1810 wurde sie vollzogen und schon ein Jahr später mit einem Sohn bedacht, der bereits nach seiner Geburt den Titel eines Königs von Rom verliehen bekam. Dank einer solch innigen, auch friedensstiftenden Verbindung mit dem alten und führenden Herrschergeschlecht Europas glaubte Napoleon, sich eine subtile Bestätigung seiner Stellung versprechen zu dürfen. Spötter jedoch merkten an, er, der seine Laufbahn als militanter Revolutionär begonnen habe, habe sie als legitimer Liebhaber der Nichte Marie Antoinettes beendet (André Maurois).

Napoleon war auf dem Höhepunkt seiner Macht. Österreich war als Verbündeter nun unvermeidlicherweise an seiner Seite, als er seinen größten Feldzug anging, der zum Wendepunkt und Desaster wurde: den nach Russland 1812. Österreich war mit einem Kontingent von 30 000 Mann daran beteiligt. Doch die dramatische Niederlage im Winter und in den Weiten des Ostens brachte die Wende in Napoleons historischem Aufstieg. Seine offenen und seine verdeckten Gegner kamen dadurch endlich in eine verheißungsvolle Position. Unterstützt von Großbritannien und im Bündnis mit Russland zeichnete sich für Preußen im Kampf gegen Napoleon eine Führungsrolle ab. Österreich war zunächst verhalten; die Heiratsbindung mit dem Imperator entfaltete in gewissem Maße ihre traditionelle Wirkung. Metternich suchte nach Möglichkeiten des Ausgleichs mit Napoleon, zumal die Staatsfinanzen des Landes so zerrüttet waren, dass es nicht unbefangen agieren konnte. Doch im Sommer 1813 wechselte auch Österreich schließlich in das Lager der antifranzösischen Koalition. Im Oktober kam es bei Leipzig zur großen Entscheidungsschlacht. Napoleon musste Deutschland endgültig räumen.

Noch dachte Metternich daran, die Macht Napoleons innerhalb der Grenzen Frankreichs zu erhalten, doch dieser wollte darauf nicht eingehen, schätzte seine Kräfte jetzt allerdings falsch ein. Die große gegnerische Koalition marschierte daher in Frankreich ein und rückte auf Paris vor. So wurde das vorläufige Ende Napoleons eingeläutet. Er wurde abgesetzt und ins Exil auf Elba verbracht; in Frankreich kamen die Bourbonen wieder an die Macht.

Der Wiener Kongress

Jetzt schlug die Stunde von Metternich. In Wien berief er den großen Kongress zusammen, der die Neuordnung Europas nach den aufwühlenden Jahren der Französischen Revolution und der napoleonischen Expansion in die Wege leiten sollte. Metternich war sich bewusst, dass das Gleichgewicht der europäischen Mächte jetzt neu austariert werden musste, um dauerhaft Frieden gewähren zu können. Von revanchistischen Ressentiments war er frei: Das geschlagene Frankreich – vertreten durch den wendigen Außenminister Talleyrand, der zunächst dem Ancien Régime, dann der Revolution und Napoleon und schließlich den nun zurückgekehrten Bourbonen gedient hatte – saß mit am Tisch und sollte künftig seinen festen Platz in der Staatengemeinschaft erhalten. Russland war durch Zar Alexander, Preußen durch König Friedrich Wilhelm III. vertreten; England schickte seinen Außenminister. Fast 200 Staaten, Fürsten, Städte und sonstige Körperschaften hatten Vertreter entsandt. Die Koordination eines solch heterogenen Konzerts verschiedener Interessen erforderte höchstes diplomatisches Geschick, denn auch diejenigen Staaten, die sich im gemeinsamen Kampf gegen Napoleon verbündet hatten, verfolgten teilweise sehr divergierende Vorstellungen hinsichtlich der neuen umfassenden territorialen Ordnung Europas. Österreich selbst hatte in diesen Verhandlungen territoriale Abgänge und Rückführungen zugleich zu verzeichnen: Endgültig verzichtete es auf die Niederlande und überließ den Breisgau und benachbarte Gebiete Baden und Württemberg. Andererseits erhielt es umfangreiche, teilweise alte Besitzungen wieder zurück, die in den Auseinandersetzungen mit Napoleon verlorengegangen waren: Tirol, Vorarlberg, Kärnten, Krain, Triest, Galizien, Mailand, Venetien, Salzburg, das Innviertel. Österreich wurde als Großmacht wiederhergestellt. Groß aber waren die Gebietsgewinne vor allem für Preußen, das mit den Rheinprovinzen (Kurtrier, Kurköln, Aachen, Jülich und Berg) vor allem eine mächtige Arrondierung im Westen erlangte und als künftige Gegenmacht zu Österreich innerhalb Deutschlands an Masse und Kontur gewann.

Noch während der Kongress in Wien tagte, verließ Napoleon sein Exil und landete am 1. März 1815 in Südfrankreich. Schnell gelangte er nach Paris und versuchte, seine Macht wiederherzustellen. Nach Aufstellung einer Armee zog er nach Norden und eröffnete am 18. Juni 1815 – nur zehn Tage nach Abschluss der Wiener Verhandlungen mit der Kongressakte – bei Waterloo gegen den englischen Oberbefehlshaber Wellington die Schlacht. Preußische Truppen unter Führung von Feldmarschall Blücher eilten zur Verstärkung herbei. Das französische Heer wurde geschlagen und löste sich vollständig auf. Erst jetzt war Napoleon definitiv am Ende seiner Laufbahn angelangt und wurde durch Verbannung nach St. Helena unter englischer Kuratel von aller politischer Betätigung künftig wirksam ausgeschaltet. Napoleons erneute Intervention blieb somit Intermezzo, wenn auch ein blutiges. An der in Wien gefundenen Neuordnung wurde grundsätzlich festgehalten, Frankreich erhielt jetzt nur geringe Gebietsverluste und bekam eine Kriegsentschädigung zusätzlich auferlegt.

Der Deutsche Bund

Der Wiener Kongress hatte nicht nur außenpolitische Bedeutung, er ordnete vor allem auch Deutschland im Inneren neu. Das alte, 1806 untergegangene Reich wurde nicht wieder restituiert und somit auch nicht das römisch-deutsche Kaisertum. Das Habsburger Kaisertum blieb rein auf die Erblande beschränkt. An die Stelle des Alten Reiches trat der Deutsche Bund. Er wurde gebildet von 37 souveränen Fürsten und vier freien Städten (Frankfurt, Bremen, Hamburg und Lübeck). Oberste Behörde war der Bundestag mit Sitz in Frankfurt – eine Versammlung von Gesandten der Bundesstaaten, in der Österreich allerdings den Vorsitz hatte. Der Bund unterhielt ein Bundesheer, das aus den Kontingenten der Mitgliedsstaaten gebildet wurde. Die Habsburgermonarchie gehörte dem Bund, der sich in etwa an den Grenzen des Alten Reiches orientierte, nicht mit seinen ganzen Gebieten an. Das heißt, dass seine polnischen, ungarischen und italienischen Besitzungen außerhalb lagen; auch Preußen hatte in West- und Ostpreußen große Gebietsteile außerhalb des Bundesterritoriums. Das sollte im Falle Österreichs später 1848/49 zu gespaltenen Loyalitäten führen.

Für die Innenpolitik konnte man die Entwicklungen, die noch das Ancien Régime mit dem aufgeklärten Absolutismus, aber auch die Französische Revolution betrieben hatten, nicht mehr ignorieren. Deshalb sahen die Wiener Beschlüsse vor, es sollten in den einzelnen Bundesstaaten landständische Verfassungen stattfinden. Der Weg von der absolutistischen in die konstitutionelle Monarchie war damit vorgezeichnet.

Doch die einzelnen Bundesstaaten nutzten die hier sich abzeichnenden Möglichkeiten zur inneren Reform unterschiedlich. Während viele kleinere und mittlere Staaten in den Jahren seit 1814 Verfassungen einführten, darunter mit besonderem Vorbildcharakter die Verfassung Badens 1818, setzten die beiden Führungsmächte im Bund – neben Österreich Preußen – Konstitutionen nicht in Kraft. Kaiser Franz und der seit 1821 als Staatskanzler wirkende Metternich hatten in der Auseinandersetzung mit Napoleon ihre prägenden Erfahrungen gesammelt. Im Befreiungskampf gegen ihn hatte sich machtvoll erstmals die deutsche Nationalbewegung geäußert, von dem großen Widersacher zugleich aber auch liberales und im Ansatz bürgerlich-demokratisches Ideengut

aufgegriffen. Doch in beiden Kräften, dem Nationalen wie dem Liberalen, erblickten Franz und Metternich die großen Gefahren ihrer Zeit. Sie hielten an alten legitimistischen Ordnungsvorstellungen mit einer in der Autorität des Christentums fundierten Monarchie fest, und gerade dem höfisch geprägten Kosmopolitismus eines Metternich waren das Freiheitsstreben und die Selbstbestimmung partikularer Völker sicher fremd. So waren Kaiser und Kanzler nicht bereit, das jetzt auch in Deutschland doch allmählich sich manifestierende Bürgertum in ihren Einflussbereich einzubinden und ihm auch politisch Möglichkeiten zur Entfaltung zu bieten. Als Leiter des führenden Staates im Bund war Metternich von Anfang an bestrebt, revolutionäre Umtriebe rigoros zu bekämpfen. Sie gingen meist aus dem studentischen Milieu hervor, wie die Aktivitäten der Burschenschaften, die Ermordung des russischen Generalkonsuls Kotzebue durch den Studenten Karl Ludwig Sand 1819 oder der Frankfurter Wachensturm von 1833 etc., worauf Metternich mit Zensurmaßnahmen, dem Aufbau eines Spitzelwesens, strengen Bestrafungen u. a. reagierte. Ereignisse wie die Julirevolution 1830 in Frankreich sah er mit Sorge, nationale Erhebungen wie die von Liberalen bejubelten der Griechen gegen die Türken verurteilte er. Kaiser Franz, der immer mehr den Direktiven seines politisch hoch durchsetzungsfähigen Kanzlers folgte, hatte den Lauf des Stroms nicht nur reguliert, er „war gleichzeitig ein Staudamm dynamischer Kräfte" (Hugo Hantsch). Seinem Nachfolger hinterließ er testamentarisch die Maxime „Regiere und ändere nichts!" So sehr Franz von der Notwendigkeit einer strengen monarchischen Ordnung überzeugt war, so fremd war ihm zugleich machtvolles aristokratisches Auftreten und Repräsentieren. Persönlich bevorzugte er mit seiner großen Familie eine geradezu bürgerliche Lebensweise, die in manchem seinem Onkel Kaiser Joseph II. nachempfunden war. Er war leutselig und übte eine aus karitativem Christentum herrührende Hilfsbereitschaft. Beim österreichischen Volk genoss er daher Popularität, die Wiener sprachen vom „guten Kaiser Franz". Er starb 1835 nach 43 Jahren Herrschaftsausübung. Viermal war er verheiratet gewesen. Überlebende Kinder hatte er jedoch nur aus seiner zweiten, sehr glücklich verlaufenen Ehe mit Maria Theresia von Neapel-Sizilien, die sowohl mütterlicher als auch väterlicherseits eine Cousine zu ihm war.

Aus dieser Ehe hatte er mehrere Kinder, auch in den Seitenlinien war reichhaltig Nachwuchs vorhanden. Dennoch bereitete die Nachfolge gewisse Probleme. Der erstgeborene Sohn von Kaiser Franz, Ferdinand, hatte verschiedene leibliche und geistige Beeinträchtigungen, die seine Befähigung zu selbständigem Regieren einschränkten. Metternich aber hatte Franz geraten, sich an den Grundsatz der Legitimität zu halten und Rivalitäten mit anderen Agnaten des Hauses Habsburg durch Befolgung der gesetzlichen Thronfolgeregeln zu vermeiden. Franz installierte daher einen Regentschaftsrat, in den er seinen jüngsten Bruder (Onkel des Thronfolgers), den kon-

Kaiser Ferdinand I. von Österreich; Gemälde von Leopold Kupelwieser, 1847; Schloss Schönbrunn

servativen Erzherzog Leopold (1784–1864), sowie Staatskanzler Metternich und Innenminister Kolowrat berief. Metternich versprach sich von dieser Konstruktion auch künftig die Sicherung seines Einflusses. Tatsächlich war ihr nach dem Tod von Kaiser Franz wenig Glück beschieden. Metternich und Kolowrat lagen im Streit miteinander, während der Vorsitzende Erzherzog Ludwig keinen Schwung hatte und beeinflussbar war; schließlich opponierten dessen beide älteren Brüder, die von Kaiser Franz übergangenen worden waren, obwohl sie ungleich begabter waren: die Erzherzöge Karl und Johann (der spätere Reichsverweser des Paulskirchenparlaments).

Unter diesen Auspizien trat die Habsburger Herrschaft unter der Leitung Metternichs in ihre letzte Phase ein.

ÖSTERREICH UNTER KAISER FRANZ JOSEPH 1848–1916

Das Ende Metternichs in der Revolution von 1848

Die Revolution des Jahres 1848 bedeutete für die Geschichte der Habsburgerdynastie eine gewisse Zäsur. Sie brachte das erzwungene Ende des Metternichschen Systems und in der Folge die Inthronisierung Franz Josephs als Kaiser. Doch die revolutionären Bewegungen, die auch in Wien zeitweilig voll zum Durchbruch kamen, konnten im Ergebnis vorerst wenig bewirken. Die Kontinuitäten der Zeit Metternichs zur Epoche Franz Josephs wogen zunächst schwerer als der vermeintliche Bruch. Metternich war zur Hassfigur des Vormärz geworden. So sehr es ihm gelungen war, auf internationaler Ebene ein friedensstiftendes System zwischen den Mächten zu etablieren, so wenig war er bereit gewesen, den nationalen Bewegungen mit ihrem Willen zur Selbstbestimmung, den Forderungen des Bürgertums nach Mitbestimmung und nach Verfassungsrechten oder den unteren Volksschichten in ihrer zunehmenden sozialen Verelendung in irgendeiner Weise entgegenzukommen. Metternich stand jetzt für eine erstarrte Obrigkeit, der die Selbsterhaltung der inneren und äußeren Sicherheit des Staates zum Selbstzweck geriet. Immerhin hatte sich auch im biedermeierlichen Wien in Ansätzen nun ein Bürgertum herausgebildet, in

dem sich entsprechende politische Strömungen abzeichneten, und unter den vielen verschiedenen Völkerschaften, die durch die Habsburgerdynastie zusammengehalten wurden, gärte es. Vereinzelt gab es schon vor 1848 lokale Erhebungen wie etwa in Galizien. Eine große Missernte 1847 mit nachfolgender Hungersnot und eine Verschlechterung der wirtschaftlichen Lage heizten die Spannungen überall in Mitteleuropa zusätzlich an. Wieder war es das revolutionserprobte Paris, von wo aus der Funke geschleudert wurde. Im Februar 1848 kam es dort zum Aufstand, im März folgten in allen wichtigen Hauptstädten des Deutschen Bundes entsprechende Bewegungen. Nationale, liberale und soziale Forderungen wurden erhoben und nicht nur von einer immer noch vergleichsweise schmalen bürgerlichen Schicht getragen, es waren breite Volksmassen, die ihnen – jetzt auf der Straße sichtbar – Nachdruck verliehen. Überall sahen die Fürsten sich daraufhin gezwungen, liberale Männer in ihre Regierungen, die „Märzministerien", zu berufen. Berlin, Wien und Frankfurt wurden zu Zentren der anbrechenden Revolution. In diesem Kontext hat man am 13. März 1848 als einen der ersten der alten Garde, vor allem als deren unumstrittener Führer auch Metternich zur Abdankung und zur Flucht ins englische Exil gezwungen. Seine

Kaiser Franz Joseph I., Porträt von Franz Xaver Winterhalter, 1865; Kunsthistorisches Museum Wien

Demission hatte hohe symbolische Bedeutung. Doch der schwache Kaiser Ferdinand wurde daraufhin umso mehr zum Spielball der diver- gierenden Mächte und Interessen. Bald schon zog er sich aus dem um- kämpften Wien ins sichere Innsbruck zurück.

Die Lage des Habsburgerreiches war insofern besonders komplex, als es keinen einheitlichen Nationalstaat darstellte. Die Revolution belebte auch die zentrifugalen Kräfte; vor allem die Tschechen und die Ungarn reklamierten ein hohes Maß an Eigenständigkeit. Das Problem wurde insofern verschärft, als das Interesse an einer verfassungspolitischen Innovation mehr bei den deutschsprachigen Bevölkerungsgruppen der Monarchie vorhanden war; sie wollten sich daher auch enger an die politische Entwicklung, die in Deutschland in Gang gekommen war, anschließen und entsandten ihre Vertreter in die jetzt erstmals nach demokratischen Grundsätzen gewählte Nationalversammlung in die Frankfurter Paulskirche. Doch sofern Vormärz und Revolution auch die Selbstfindung der Nationen stimuliert hatten, konnte dies, wie bei den Tschechen, genau gegenteilig zu einer Distanzierung von der Deutschen Nationalversammlung führen. Obwohl Böhmen seit je Bestandteil des Alten Reiches und auch jetzt Mitglied im Deutschen Bund gewesen war und darüber hinaus eine starke und artikulationsfähige deutsche Minderheit besaß, weigerten sich die Tschechen, Vertreter nach Frankfurt zu schicken. Andere große Gebietsteile des Habsburgerreiches, gerade das sehr selbstbewusste Ungarn, lagen ohnehin außerhalb des Deutschen Bundes und hatten mit dem Frankfurter Parlament daher nichts zu tun. Verfassung und Nation waren damals Synonyme, doch die dynastisch zusammengehaltenen Habsburgerlande waren national hochgradig fragmentiert, was einer gemeinschaft-lichen Durchsetzung von Verfassungsbestrebungen sehr hinderlich war.

Die Revolution brachte doch verschiedene Reformen hervor. Eine noch im April durch das neu eingesetzte Ministerium Pillersdorf erlassene Verfassung wurde zunächst begeistert aufgenommen, hatte jedoch Schwächen. Im Juni wählte das Paulskirchenparlament ein Mitglied der kaiserlichen Familie, den populären Erzherzog Johann (Onkel von Kaiser Ferdinand) zum Reichsverweser für Deutschland. Er hatte damit provisorisch bis zur Verabschiedung einer Verfassung die Funktion eines Staatsoberhauptes. Im Juli konstituierte sich ein österreichischer Reichstag, der Kaiser Ferdinand veranlasste, von Innsbruck wieder nach Wien zurückzukehren. Hier wurde schon sehr schnell eine Abschaffung der Feudallasten für die Bauern beschlossen – eine Entscheidung mit weitreichenden Folgen, denn ihre Ergebnisse konnten dauerhaft, auch über die anschließende Restaurationsperiode hinweg erhalten werden.

Die Reaktion bringt Franz Joseph an die Macht

Doch schon in den Sommermonaten begann sich die Reaktion in Österreich zu formieren. Armee, Bürokratie und Dynastie wirkten im Verein zusammen, die Revolution zurückzudrängen. Wie an anderen Orten, so etwa am Sitz des Paulskirchenparlaments, kam es im Herbst auch in Wien verschiedentlich zu Aufständen radikaler Gruppen. Um sie niederzuschlagen, kamen vielfach die Militärapparate der alten Mächte wieder zum Einsatz. So erlebte auch Wien blutige Kämpfe, in denen die Revolutionäre eine Niederlage erlitten. Ein neues Ministerium unter Fürst zu Schwarzenberg wurde berufen und der gewählte österreichische Reichstag nach Kremsier (Mähren) verlegt bzw. im März des folgenden Jahres ganz aufgelöst.

Vor allem aber kam mit dieser Bewegung bei den Habsburgern mit Erzherzog Franz Joseph nun ein neuer Mann ins Spiel. Der schwächliche und kinderlos gebliebene Ferdinand war nicht Herr der Lage. Ohne zu widerstreben, konnte seine Familie ihn jetzt zur Abdankung bewegen. Ferdinand zeigte sich erleichtert, als er am 2. Dezember 1848 die Amtsgeschäfte abgeben konnte. Er zog sich auf den Hradschin nach Prag zurück, wo er noch 27 Jahre lebte, in denen er sich der Wohltätigkeit, aber auch der Musik und den Gartenanlagen des Königsschlosses widmete.

Eigentlich wäre sein Bruder, Erzherzog Franz Karl (1802–1872), der nächstberechtigte Thronkandidat gewesen. Doch er verzichtete zugunsten seines erst 18-jährigen Sohnes Franz Joseph auf die Kaiserwürde. Franz Joseph war von seiner Mutter Erzherzogin Sophie, Tochter des bayerischen Königs Maximilian I., zielstrebig und mit Erfolg auf diese Stellung hin erzogen worden. Franz war diszipliniert und ausgeglichen, hatte eine gute Allgemeinbildung, sprach früh schon die Sprachen des Vielvölkerstaates, war körperlich eine ansehnliche und robuste Erscheinung und hatte dank einschlägiger Erziehung eine große Vorliebe für

alles Militärische – selten wurde er anders als in Uniform in der Öffentlichkeit gesehen. Für die Übernahme von Regierungsverantwortung hatte er somit eine sehr gute Grundlage, konnte eine weitergehende Ausbildung angesichts seiner frühen Verpflichtung aber nicht vollenden. Sein erster politischer Lehrmeister war der eben noch von seinem Vorgänger eingesetzte Ministerpräsident Fürst zu Schwarzenberg. Eigene Lebenserfahrung wurde aber bald schon die wichtigste Richtschnur seines Lebens, und die Revolutionswirren um 1848 gaben ihm genügend Anlass, Erfahrungen reichhaltig zu sammeln.

Ein besonderes Problem bereitete ihm gleich zu Beginn Ungarn. Hier erreichte die Revolution erst jetzt ihren Höhepunkt, so dass Franz Joseph es ablehnte, diese Bestrebungen durch Krönung und Eidablegung zu decken. Der Konflikt steigerte sich in den folgenden Monaten so weit, dass die Ungarn unter der Führung von Ludwig Kosshut die Habsburger im April 1849 in ihrem Land für abgesetzt erklärten und die Republik ausriefen. Wieder sprachen die Waffen: Im Bündnis mit russischen Truppen schlugen die Armeen der Habsburger den Freiheitskampf der Ungarn blutig nieder, die im Jahr zuvor verabschiedete liberale Verfassung wurde kassiert und verschiedene Führer der Ungarn hingerichtet – darunter auch der Ministerpräsident Graf Batthyány, während Kosshut sich durch Flucht ins Ausland hatte retten können. Durch dieses drakonische Vorgehen fühlten die Ungarn sich in ihrem Stolz tief gekränkt. Ihr Verhältnis zum neuen Kaiser war auf

Jahre und Jahrzehnte hinaus belastet. Eine andere Frage, die geeignet war, den Zuschnitt des mittel- und osteuropäischen Mächtesystems zu verändern, wurde ebenfalls in den ersten Monaten der Regierung von Franz Joseph virulent: die vom Paulskirchenparlament aufgeworfene Frage nach einer kleinen oder großen Lösung für den Zuschnitt des künftigen deutschen Nationalstaates. Die großdeutsche Lösung hätte die deutschsprachigen Gebiete Österreichs mit einbezogen; doch das Habsburgerreich hätte sich dafür aufspalten müssen, wozu es, wie der harte Kampf um Ungarn nur zu deutlich zeigte, nicht bereit war. So zog das Paulskirchenparlament den Ausschluss Österreichs vor und orientierte sich an Preußen als Führungsmacht, das in dieser Position in den Jahren vor 1848 (Zollverein) ohnehin schon Konturen gewonnen hatte. Wohl lehnte der preußische König Friedrich Wilhelm IV. das Begehren der Paulskirche ab, Kaiser eines konstitutionell regierten deutschen Reiches zu werden, und besiegelte damit das Scheitern der Revolution in Deutschland. Gleichwohl aber war dieses Präjudiz deutscher Demokraten für Preußen ein Vorbote: Österreichs traditionelle Führungsrolle im Deutschen Bund, die es nach dem Ende der Revolution wieder für sich beanspruchte, war durch Deutschland selbst erstmals eindrucksvoll in Frage gestellt worden. Und die Frage blieb bis in die Tagespolitik hinein auch in der unmittelbar nachrevolutionären Zeit virulent. Preußen unternahm seinerseits weiterhin Versuche, die deutschen Staaten ohne

Österreich in einer Union zu vereinen, was zu Spannungen zwischen beiden Ländern führte, die bis an den Rand einer kriegerischen Auseinandersetzung reichten. Erst Anfang der 50er Jahre konnte Österreich sich als Führungsmacht im Deutschen Bund wieder Autorität verschaffen – bis auf weiteres jedenfalls.

Das vielfach blutige Niederschlagen der Revolution in den Habsburger Erblanden (auch in den italienischen Besitzungen) wurde begleitet durch das Oktroyieren einer neuen Verfassung nach des Kaisers Zuschnitt im März 1849. Sie blieb jedoch ohne praktische Wirkung; der darin vorgesehene Reichstag mit einem Unter- und einem Oberhaus wurde nie einberufen. De facto restituierte Franz Joseph die Monarchie in einer absolutistischen Form. Einige Jahre später (1852), als Ministerpräsident Schwarzenberg starb, übernahm er alle Macht im Staate selbst. Alle diese Maßnahmen machten den jungen Kaiser so unpopulär, dass er sich 1853 einem Attentatsversuch ausgesetzt sah.

Kurze Zeit später heiratete er seine Großcousine Elisabeth, eine Tochter aus der herzoglichen Linie der bayerischen Wittelsbacher und Nichte seiner Mutter. Es war eine Liebesheirat und damit auch ein Akt des Aufbegehrens gegen seine strenge Mutter, die die ältere Schwester der Braut für ihn bestimmt hatte. Der jungen freiheitsliebenden Elisabeth aber fiel es von Anfang schwer, sich in das überaus förmliche Leben am kaiserlichen Hof, in dem ihre Tante und Schwiegermutter, Erzherzogin Sophie, eine große Dominanz aus-

Kaiserin Elisabeth von Österreich, Porträt von Franz Xaver Winterhalter, 1865; Kunsthistorisches Museum Wien

übte, einzufügen. Nach der Geburt dreier Kinder, darunter dem Thronfolger Rudolf, deren Erziehung ihr Sophie streitig machte, verließ sie 1859 den Hof und ihre Kinder daher zum ersten Mal und zog sich für zwei Jahre auf Madeira, Korfu und Venedig in die Einsamkeit zurück.

Auch wenn Franz Joseph seiner Frau weiterhin in Liebe verbunden war, wurde eine Entfremdung der Ehepartner hier früh schon erkennbar. Wenig später setzte sie mit Vehemenz durch, dass man Rudolf, dem man zunächst eine militärische Erziehung angedeihen ließ, in die Hände liberaler Lehrer gab.

Erste Zugeständnisse an das Bürgertum

Auch wenn Franz Joseph in der ersten Hälfte der 50er Jahre seine Herrschaft in neoabsolutistischer Form wiederhergestellt hatte, ließen sich die Ambitionen des Bürgertums, die sich in den zurückliegenden Ereignissen so deutlich manifestiert hatten, eben doch nicht ungeschehen machen. Der Kaiser war sich bewusst, dass er jetzt, wo er unangefochten wieder Herr seiner Lande war, kontrolliert auch Zugeständnisse machen musste und leitete Reformen von oben ein: So wurde ein einheitliches Staatsbürgerrecht für alle Bewohner der Monarchie erlassen, die Bauernbefreiung fand Bestätigung, Justiz und Verwaltung wurden getrennt, die Zollgrenze zwischen Österreich und Ungarn aufgehoben u. a. m. Manche Forderung der Revolution hat man unter veränderten Bedingungen so nun doch realisiert. Sichtbar machte sich eine Erneuerung auch in Wien bemerkbar, als der Kaiser die Befestigungsanlagen schleifen und die repräsentativen Ringanlagen erbauen ließ.

Unter dem Andrängen der italienischen Einigungsbewegung verlor Österreich 1859 in kriegerischen Auseinandersetzungen, bei denen es sich auch international isoliert sah, seine Besitzungen in der Lombardei. Franz Joseph, der selbst den Oberbefehl geführt hatte, erlitt einen nicht geringen Prestigeverlust. Unter dem Eindruck dieser Erfahrung zeigte er jetzt eine vorsichtige Bereitschaft, den Interessen seiner Völker und seiner Untertanen weiter entgegenzukommen. 1860/61 räumte er dem Bürgertum erstmals gewisse verfassungsmäßige Mitspracherechte ein und schuf unter der Regie von Anton von Schmerling – einem Liberalen und ehemaligen Minister der vom Paulskirchenparlament getragenen provisorischen deutschen Reichsregierung – Institutionen, an denen Österreich seither in Ansätzen als konstitutionelle Monarchie kenntlich wurde. Doch war diese Verfassung zentralistisch angelegt, was insbesondere den Ungarn zuwider war, die sich eine Wiederherstellung ihrer weitgehenden inneren Unabhängigkeit wünschten. Immerhin waren sie angesichts des wachsenden Einflusses von Russland durchaus bereit, prinzipiell unter dem Schutzdach der machtvollen Habsburgerdynastie zu bleiben. Unter Vermittlung seiner Frau, Kaiserin Elisabeth, die für Ungarn eine besondere Vorliebe entwickelt hatte und dort großes Ansehen genoss, verzichtete Franz Joseph 1865 schließlich auf die Durchsetzung einer zentralistischen Verfassung. Der Einsatz für die Ungarn war die einzige politische Initiative, die Elisabeth entfaltete.

Bruch mit Deutschland und Konstitution der Doppelmonarchie 1866/67

Wappen der k. u. k. Monarchie

Zu diesem Zeitpunkt spitzte sich der Konflikt mit Preußen um die Führung im Deutschen Bund zu. Der seit 1862 als preußischer Ministerpräsident amtierende Bismarck legte es zunehmend auf die Auflösung des Bundes und eine Einigung Deutschlands unter Ausschluss Österreichs an. Österreich suchte noch immer nach Möglichkeiten für eine großdeutsche Lösung. 1863 berief es einen Fürstentag nach Frankfurt ein und machte entsprechende Vorschläge; der preußische König blieb auf Anraten Bismarcks fern. Beide Mächte gerieten in den folgenden Jahren wegen divergierender Interessen um den lange schwelenden Konflikt um Schleswig-Holstein und die Frage seiner Loslösung von Dänemark miteinander in Streit. Bismarck scheint diesen Streit angeheizt zu haben, um Österreich zu einer finalen innerdeutschen Auseinandersetzung zu provozieren. Geschickt konnte er Frankreich zu einem neutralen Verhalten veranlassen und Österreich zugleich in einen Zweifrontenkrieg verwickeln, indem er die italienische Einigungsbewegung unterstützte. 1866 entluden sich die angestauten Spannungen im kurzen Deutschen Krieg, der für Österreich in der Schlacht bei Königgrätz verloren ging. Preußische Truppen drangen drohend bis vor die Tore Wiens vor. Damit war der Deutsche Bund aufgelöst. Österreich als die einstige Führungsmacht des Alten Deutschen Reiches schied endgültig aus der Entwicklung Deutschlands aus. Das junge Berlin hatte über das alte Wien den Sieg davongetragen und Bismarck hatte freie Hand, die Einigung Deutschlands ohne Österreich voranzutreiben.

Isoliert vom alten Reichsgebiet war Österreich nun ganz auf sich allein gestellt. Dieses Ergebnis entfaltete auch im Inneren katalysatorische Wirkungen. 1867 wurde unter erneuter Vermittlung von Kaiserin Elisabeth in den langen Auseinandersetzungen mit Ungarn eine Einigung erzielt. Das ungarische Volk erhielt jetzt seine Verfassung zurück und war nun ein selbständiger Staat neben Österreich. An die Stelle des Zentralismus trat ein Dualismus. Doch beide Staaten wurden durch die Monarchie fest zusammengehalten. Franz Joseph und seine Frau krönte man jetzt endlich zu König und Königin von Ungarn. So entstand die k. u. k. Monarchie – Kaiser von Österreich und König von Ungarn. Nur die auswärtigen, die militärischen und teilweise die finanziellen Angelegenheiten wurden gemeinschaftlich betrieben sowie eine Zoll- und Währungsunion zwischen beiden Staaten begründet. Dieses für Ungarn vorteilhafte Abkommen weckte freilich ähnliche Begehrlichkeiten bei anderen Volksgruppen, insbesondere bei den Tschechen.

Kaiser Franz Joseph I. um 1885; Foto von Karl Pietzner

Nach der Gründung des Deutschen Kaiserreiches 1871, in dem Österreich nicht die Fortsetzung des Alten Deutschen Reiches sehen und für das es daher auch nicht die in Wien lagernde alte Kaiserkrone herausgeben wollte, suchten beide Seiten schnell zu einer Normalisierung ihrer Beziehungen zu gelangen. Die historische Verbindung und die gemeinsamen Interessen aus der nachbarschaftlichen Lage in Mitteleuropa wogen schwerer als der Bruch von 1866. In der Folge schlossen beide Länder mehrere Defensivbündnisse, denen sich zunächst Russland, später dann Italien anschlossen. In den siebziger Jahren gelang auch die Ausdehnung des österreichischen Einflusses auf dem Balkan. In dieser Hemisphäre kreuzten sich seine Interessen mit Russland, das die slawische Bevölkerung im Kampf gegen die Osmanen unterstützte und in einem Kriegszug 1878 bis nach Konstantinopel vorrückte. Diese gewaltige Ausdehnung des russischen Einflusses auf dem Balkan bereitete den europäischen Großmächten und insbesondere Österreich große Sorgen, was die Habsburgermonarchie bald in einen tiefgreifenden Gegensatz zu Russland bringen sollte. Mit Rückendeckung eben dieser Mächte wurde Österreich daher dazu ermuntert, zum Ausgleich der Kräfte und um die Ordnung wieder herzustellen, Bosnien und die Herzegowina zu besetzen, was nicht ohne die Überwindung erbitterter Widerstände der Bevölkerung vor Ort möglich war. Seit 1878 kamen diese Gebiete daher unter österreichische Verwaltung, während Serbien, das Russland zuneigte, seine Unabhängigkeit erhielt. Der Anteil der Slawen innerhalb der Habsburgermonarchie wuchs dadurch an, was den anderen Volksgruppen, gerade den Ungarn, allerdings sehr missfiel. Doch die Expansion Österreichs auf dem Balkan war letztlich gegen Russland gerichtet. Ein Jahr später ging Österreich-Ungarn mit Deutschland den Zweibund ein (1882 unter Hinzunahme Italiens dann zum Dreibund erweitert), der die Vertragspartner zur gegenseitigen Hilfe im Fall eines Angriffs durch Russland verpflichtete. Der Zweibund blieb bis 1918 in Kraft.

Die Tragödien der kaiserlichen Familie

Die Herrscherfamilie wurde in der mittleren Phase der langen Regierung Franz Josephs durch eine Reihe schwerer familiärer Schicksalsschläge heimgesucht. Sein Bruder Erzherzog Maximilian, der liberal gesonnen war, in der Donaumonarchie Franz Josephs aber keine Entfaltungsmöglichkeiten für seine Ambitionen sah, hatte sich mit französischer Unterstützung und dem Segen des Papstes auf das Abenteuer eingelassen, sich gegen republikanische Kräfte, die von den USA unterstützt wurden, zum Kaiser von Mexiko ernennen zu lassen. Er war der erste Habsburger, der den Atlantik überquerte. Doch dem Bürgerkrieg, der in dem Land herrschte, konnte er nicht Herr werden. Als die USA nach dem Ende des Sezessionskrieges ihren Druck verstärkten, zog Frankreich sich zurück und ließ seinen Prätendenten im Stich: Maximilian wurde 1867 von seinen Gegnern in Mexiko erschossen. Durch Manets Darstellung der Szene (vier verschiedene Versionen in Boston, Kopenhagen, London und Mannheim) haben diese Vorgänge bis heute allgemeine Bekanntheit. Mit seinem Sohn, Kronprinz Rudolf, war Franz Joseph wegen dessen liberaler Haltung in einen tiefen Konflikt geraten. Rudolf hatte politisch vollkommen andere Vorstellungen als sein Vater, außenpolitisch sympathisierte er stärker mit Frankreich, dessen republikanische Verfassung er bewunderte, als mit dem wilhelminischen Deutschland, mit dem Franz Joseph den Schulterschluss gesucht hatte. Er war der Moderne gegenüber aufgeschlossen, aber in vieler Hinsicht vielleicht auch allzu freizügig; sein teilweise libertinäres Verhalten gab Anlass zum Tratsch. Unter nicht restlos geklärten Umständen nahm Rudolf sich 1889 mit seiner Geliebten das Leben – ein Ereignis, das für das Kaiserhaus einen großen Skandal

bedeutete und den tief katholisch geprägten Franz Joseph schwer belastete. Es ist eine interessante Spekulation, sich auszumalen, welche Möglichkeiten der geschichtlichen Entwicklung mit seiner Person verbunden gewesen wären, zumal im Jahr zuvor auch in Berlin ein allzu früher Tod, der des 99-Tagekaisers Friedrich III., die Hoffnungen vieler Liberaler zunichtemachte. In beiden Hauptstädten blieb dank solcher dynastischer Konstellationen ein konservativ fundierter Monarchismus am Ruder. Nicht minder tief traf Franz Joseph keine zehn Jahre später das Schicksal seiner Gemahlin, Kaiserin Elisabeth. Elisabeth war eine moderne Frau, die sich mit den höfischen Pflichten, die ihre Stellung als Kaiserin ihr auferlegte, nicht aussöhnen konnte und wollte, und die stattdessen einem persönlichen Schönheitskult (mit der Folge einer Magersucht), sportliche Leidenschaften (Reiten), aber auch ernsthaftere literarische Interessen (Verehrerin Heines) verfolgte. Ihr Mann jedoch machte eine genau entgegengesetzte Entwicklung durch und repräsentierte in seiner Person immer mehr gerade jene Räson von Staat und Hof, vor der sie das Weite suchte. Das entfremdete die beiden Partner immer mehr, auch wenn das Band der Liebe und des Respekts zwischen ihnen nie ganz abriss. Elisabeth mied den Hof schließlich ganz und trat lange Aufenthalte im Ausland an. Diese Entwicklung verstärkte sich noch nach dem tragischen Tod Rudolfs; danach war sie nur noch in Trauerkleidung zu sehen. Auf einer ihrer am Ende rastlosen Reisen wurde sie 1898 in Genf schließlich Opfer eines von einem italienischen Anarchisten begangenen Attentats. Neben diesen schweren Schlägen verschlechterte sich auch Franz Josephs Verhältnis zu seinem Neffen Franz Ferdinand, der anstelle Rudolfs zum neuen Thronfolger geworden war; Franz Ferdinand verärgerte den alternden Kaiser, als er im Jahr 1900 eine nicht hausgesetzmäßige Ehe einging, mit der Folge, dass die Kinder aus dieser Verbindung von der Thronfolge ausgeschlossen wurden; auch wichen die beiden Männer in politischen Fragen häufig voneinander ab.

Die Monarchie zwischen Moderne und Nationalitätenkonflikten

Österreich mit Wien als Zentrum erlebte in der zweiten Hälfte des 19. Jahrhunderts machtvoll eine Entwicklung von einem lange etwas rückständigen, vor allem agrarisch, klerikal und aristokratisch bestimmten Land hin zu einer modernen, vielfach industriell und bourgeois geprägten Gesellschaft mit all ihren typischen Begleiterscheinungen. Franz Joseph war kaum ein Promoter dieser universellen Entwicklung; hier gelangten Kräfte, die ihren Ursprung jenseits der aristokratischen Zirkel hatten, zur Entfaltung. Politisch kamen nach dem Ausgleich von 1866/67 in der Regierung zunächst die Liberalen zum Zug, die eine starke Affinität zum Wiener Zentralismus hatten, durch den sich die vielfältigen Völkergruppen nicht repräsentiert fanden. Bald schon entstanden Massenparteien wie die Sozialdemokraten, deren Erscheinen

ein deutliches Zeichen für die zunehmende Industrialisierung des Landes und damit für die Herausbildung einer breiten Arbeiterschaft war, oder die Christsozialen, denen eine stark antisemitische Tendenz eigen war; aber auch die Deutschnationalen spielten politisch eine einflussreiche Rolle. Wien erlebte seinen Durchbruch zur Metropole, 1873 beherbergte es die Weltausstellung und erreichte 1910 über zwei Millionen Einwohner. Es wetteiferte mit London, Paris und Berlin. Entsprechend zeigten sich in Wien alle sozialen Phänomene einer modernen Großstadt: hier der Reichtum einer bourgeoisen Oberschicht, dort eine breite Masse von Arbeitern und die Tendenz zur Proletarisierung breiter Volksschichten. Mehr als anderswo war seine Bevölkerung ein Spiegelbild des ganzen Reiches und multinational wie die keiner anderen der großen Metropolen. Kulturell erlebte die Stadt eine einzigartige Blüte, die vielfach von assimilierten Juden getragen wurde. Neben Wissenschaft, Kunst und Literatur war es nach Klassik und Romantik vor allem die Musik, die erneut einen einzigartigen Höhepunkt ihrer Entwicklung erreichte. Kaiser Franz Joseph nahm an diesen kulturellen Bewegungen keinerlei Anteil. Im Gegensatz zu vielen seiner Vorfahren, die als Mäzene oder Kunstliebhaber, insbesondere Musikliebhaber, hervortraten, zeigte er in seiner Beamtenmentalität und seinem militärischen Habitus an diesen Bestrebungen kein Interesse.

Was ihn in den Jahren vor dem Ersten Weltkrieg vor allem beschäftigte, waren die großen Spannungen zwischen den heterogenen Nationalitäten seines Reiches. Solche Spannungen konnten sich bis zum Hass steigern, wie zwischen den Ungarn und den Slawen. Dennoch bildete die Habsburgerdynastie, wie sie sich in der Person des alten Kaisers verkörperte, eine feste Klammer; Franz Joseph genoss ob seiner strengen Disziplin und Gewissenhaftigkeit allenthalben Ansehen und Autorität. Unruhe verbreitete die Nationalitätenfrage vor allem auf dem Balkan, wo Serbien seit 1903 mit Unterstützung Russlands die Errichtung eines großserbischen Reiches anstrebte, während Österreich 1908 dazu überging, Bosnien und die Herzegowina, die es 30 Jahre zuvor okkupiert hatte, nun förmlich zu annektieren. Das Verhältnis zwischen Österreich und Serbien war damit aufs äußerste angespannt. Aus diesem Konflikt sprang wenige Jahre später der Funke, der die Explosion des Ersten Weltkrieges auslöste.

13.

DER ERSTE WELTKRIEG –
Habsburgs Untergang in der
Urkatastrophe der Moderne

Franz Joseph löst den Krieg aus

Der Balkan war der entscheidende Unruheherd. Zwei kleine Kriege gab es hier bereits unmittelbar vor Ausbruch des großen, als die Macht des Osmanenreichs dort zerfiel. Russlands Expansionsdrang in dieser Region war ungebremst, es unterstützte daher nachhaltig Serbien. Österreichs Thronfolger Franz Ferdinand hegte Pläne, die slawische Bevölkerung des Balkans unter der Regie seiner Monarchie zu vereinen. Der Dualismus von Österreich-Ungarn sollte zu einem Trialismus erweitert werden, bei dem den Südslawen unter dem Dach der Habsburgermonarchie eine Sonderstellung hätte eingeräumt werden sollen. Reichsintern missfielen diese Pläne insbesondere den Ungarn, doch vor allem fühlte sich Serbien davon provoziert. Franz Ferdinand war dort daher besonders verhasst. Als er mit seiner Frau Ende Juni 1914 zu einem Manöver nach Bosnien reiste, nutzte der junge bosnische Student Gavrilo Princip, der von einer serbischen Geheimorganisation waffentechnisch eine entsprechende Ausbildung genossen hatte, diese Gelegenheit für ein tödliches Attentat auf das Thronfolgerpaar. Österreich und die Habsburgerdynastie waren ins Mark getroffen. Die Hintermänner dieser Tat sah man in Serbien, das nun zur Rechenschaft gezogen werden sollte. Kaiser Franz Joseph, der es lange verstanden hatte, Frieden zu wahren, ließ sich jetzt zum Krieg überreden. Die Kriege, die in den hundert Jahren nach dem Zeitalter Napoleons stattgefunden hatten, waren nicht zuletzt dank des von Metternich begründeten Ausgleichssystems von kurzer Dauer und lokal begrenzt. Vor dem Hintergrund dieser Erfahrung glaubte der Kaiser, ein Kriegszug auf dem Balkan ließe sich auch jetzt innerhalb der Region halten und in wenigen Monaten entscheiden. Und doch wusste man in den Hauptstädten Europas nur allzu deutlich, Wien riskierte mit diesem Schritt unvermeidlich auch eine Provokation der Schutzmacht Serbiens, nähmlich Russlands. Von seinem Verbündeten, Deutschland, erhielt Österreich bereits zu Beginn der Julikrise eine Blankozusage, es werde, welche Entwicklung die Situation auch immer nehme, an seiner Seite stehen. Doch auch Russland war in ein Bündnis mit Frankreich und England eingebunden. Am 28. Juli 1914 löste Franz Joseph mit der Kriegserklärung an Serbien den Krieg aus. Russland reagierte darauf mit der Mobilmachung. Binnen weniger Tage zogen die Großmächte nach und erklärten sich gegenseitig den Krieg. Aus der Präventivmaßnahme gegen Serbien waren ein Kontinentalkrieg und bald schon ein Weltkrieg mit bislang unvorstellbaren Opferzahlen, dramatischen wirtschaftlichen Folgeschäden und epochalen politischen Umwälzungen geworden.

Österreich war an drei Kriegsschauplätzen im Einsatz: auf dem Balkan, an der russischen Front und an der Grenze zu Italien, das zunächst neutral geblieben, dann aber auf die Seite der Entente, in der Russland, England und Frankreich verbündet waren, gewechselt war. Keines der beteiligten Länder war auf eine solch gewaltige Auseinandersetzung vorbereitet gewesen; alle waren abrupt gezwungen, ihr ziviles Leben vollkommen auf den Krieg umzustellen. Es war der erste Krieg des Industriezeitalters, der Krieg der Massen und des Materials. Mit ihm kam das „lange 19. Jahrhundert", das Jahrhundert des aufstrebenden Bürgertums, an sein Ende. Es war auch das Jahrhundert Franz Josephs, der in vieler Hinsicht der Gegenspieler des Bürgertums gewesen war. Und mit dieser Epoche endete auch sein eigenes langes Leben. Nachdem er mit 68 Jahren länger als jeder andere Herrscher der Habsburger regiert hatte, verstarb er am 21. November 1916 im Alter von 86 Jahren. Es entbehrt nicht der Tragik, dass er in der Schlussphase seiner überaus langen Herrschaft einen Krieg entscheidend mitausgelöst hatte, der für ihn und alle anderen Beteiligten sehr schnell eine Dimension annahm, die alle bis dahin bekannten Erfahrungen sprengte. Sein Tod war überschattet von der Sorge um den Fortbestand seiner Monarchie. Da deren Ende so bald schon erfolgen

Kaiser Karl I. als Feldmarschall in österreichischer Galauniform

sollte, hätte er es altersmäßig selbst noch erleben können. Das wenigstens blieb ihm erspart.

Karl I. – der letzte Kaiser von Österreich

Seine Nachfolge trat sein Großneffe Karl an. Mit ihm, geboren 1887, kam eine neue Generation an die Macht. Bemerkenswert war, dass Karl, noch bevor er wegen der unstandesgemäßen Verheiratung Franz Ferdinands als potenzieller Thronfolger in den Blick kam, aufs Schottengymnasium in Wien geschickt worden war, wo er früh mit Schichten außerhalb seines Standes Berührung gehabt hatte. Solche Eindrücke beförderten eine reformfreundliche Haltung. Danach hatte er ein militärwissenschaftliches und juristisches Studium absolviert und eine Laufbahn im Militär eingeschlagen. In den ersten beiden Jahren des Krieges hatte ihn Kaiser Franz Joseph mit verschiedenen Aufgaben im deutschen und im österreichisch-ungarischen Oberkommando betraut, von politischen Entscheidungen aber weitgehend ferngehalten, obwohl er nach dem Attentat auf Franz Ferdinand als direkter Thronerbe feststand.

Als er am 21. November 1916 auf den Thron kam, übernahm er selbst den Oberbefehl über die österreichisch-ungarische Armee und führte im militärischen und politischen Apparat diverse Umbesetzungen durch. Der Niedergang der österreichisch-ungarischen Monarchie zeichnete sich immer deutlicher ab. Karl war sich dessen bewusst und war daher bereit, dieser Tendenz durch wirksame Reformen gegenzusteuern. Vor allem aber ließ er von Anfang an einen gewissen Willen zum Frieden erkennen, um seinen Völkern weiteres Blutvergießen zu ersparen. Doch bei der Umsetzung dieser zentralen Intention war er nicht frei, da bei seinem Bündnispartner Deutschland, das die Führungsrolle der Mittelmächte innehatte, nach wie vor die Kriegsbefürworter dominierten. Österreich hatte in dieser Konstellation klar die Rolle eines Juniorpartners.

Um die Möglichkeiten eines Separatfriedens zu sondieren, nahm Karl Anfang 1917 geheime Kontakte zu Frankreich auf. Dabei nutzte er die Möglichkeiten, die ihm die Verwandtschaft seiner Frau Zita von Bourbon-Parma bot. Deren Brüder Sixtus und Xavier kämpften auf der Seite der Entente und dienten Karl als Vermittler zum französischen Präsidenten Poincaré. Der entscheidende Ansatzpunkt war Karls Bereitschaft, die Abtretung Elsass-Loth-

ringens an Frankreich prinzipiell anzuerkennen, womit er freilich Kerninteressen seines deutschen Bündnispartners berührte. Der Konflikt zwischen seiner Loyalität zu Deutschland und seinem Interesse an einem Frieden war unauflösbar. Als seine geheimen Zugeständnisse an Frankreich im Frühjahr 1918 publik wurden, hatte Karl nicht nur gegenüber Kaiser Wilhelm alle Glaubwürdigkeit verspielt, sondern auch gegenüber den Westalliierten, als er seine diesbezüglichen Interventionen verleugnete. Aus solchen Dilemmata sollte Karl sich nicht mehr befreien können, was wesentlich zum Untergang der Monarchie beitrug.

Zum größten Problem der Habsburgermonarchie wurde auch jetzt wieder die Nationalitätenfrage. Zunächst war es gelungen, die Kontingente der Armee der Habsburgerlande zu einem mehr oder weniger einheitlichen Verband zu integrieren, wohl wissend, dass nur die Monarchie als Ordnungsfaktor im Konzert der Großmächte bestehen konnte und auch die nicht geringen Spannungen, die zwischen den einzelnen Völkern herrschten, auszugleichen in der Lage war. Doch zum Ende hin versagte diese Doppelfunktion als äußeres Schutzschild und Klammer im Inneren.

Obwohl Deutschland und Österreich wegen ihrer geographisch bedingten Isolation von den Strömen des Welthandels wirtschaftlich schwere Einbußen hinnehmen mussten und schon in der mittleren Phase der Auseinandersetzung ihre Zivilbevölkerungen nicht mehr ausreichend ernähren konnten, war der Krieg auch in seinem vierten Jahr noch nicht entschieden. Nach dem Ausscheiden Russlands mit dem Frieden von Brest-Litowsk bekamen die Mittelmächte im Osten noch einmal Kräfte frei, die sie im Frühjahr 1918 im Westen einsetzten, um die finale Auseinandersetzung zu suchen. Doch die jetzt offensiv betriebene Verstärkung der alliierten Truppen durch große Kontingente aus den USA brachte Deutschland und Österreich ab Sommer 1918 militärisch in eine gänzlich aussichtslose Lage. Im darauffolgenden Herbst vollzog sich schnell der innere und äußere Zusammenbruch der Mittelmächte. Sämtliche Monarchien in Mitteleuropa, so auch die der Habsburger und der Hohenzollern riss es mit in den Abgrund. Vor allem aber wurde die Landkarte Mittel- und Osteuropas neu geordnet. Wohl musste auch Deutschland an seinen Rändern Gebietsverluste hinnehmen, doch die Donaumonarchie traf es ungleich härter: Da sie kein homogener Nationalstaat war, zerfiel sie jetzt in ihre einzelnen nationalen Bestandteile. Dieser Prozess war zum Ende hin besonders von Frankreich befördert worden, wo einflussreiche Kreise es auf das Verschwinden der Habsburgermonarchie angelegt hatten. In Paris wurde am 26.9.1918 der tschechische Nationalrat von den Westmächten anerkannt, der den selbständigen tschechoslowakischen Staat proklamierte. Am 16.10. bildeten auch die Kroaten, Slowenen und Serben einen Nationalrat, aus dem kurze Zeit später Jugoslawien hervorging.

In einem letzten Akt versuchte Karl am 17.10.1918 auf diese Vorgänge noch mit einem Manifest zu reagieren, demzufolge die Monarchie in eine Föderation von Nationalstaaten umgewandelt werden sollte. Doch der Zerfallsprozess war nicht mehr aufzuhalten: Am 31.10.1918 trennten sich auch die Ungarn von der Monarchie und vollzogen damit den entscheidenden Schritt zu deren Ende. Gleichzeitig wurde in Österreich die letzte kaiserliche Regierung abgelöst, die Geschäfte übernahm der Sozialdemokrat Karl Renner. Am 3.11. war Österreich zur Unterzeichnung eines Waffenstillstands gezwungen; seine Bestimmungen legten ihm die Abtretung Südtirols an Italien auf. Am 10.11. unterzeichnete Kaiser Karl schließlich ein Manifest, in dem er seinen Verzicht „auf jeden Anteil an den Staatsgeschäften" erklärte. Seine Frau, Kaiserin Zita, widersetzte sich hingegen allen Abdankungsansinnen. Auch wenn diese Formulierung unklar blieb und damit kein formeller Thronverzicht ausgesprochen wurde, markiert das Dokument gleichwohl faktisch das Ende der Habsburgerdynastie. Zeitgleich legten der deutsche Kaiser und die übrigen deutschen Landesfürsten ihre Kronen nieder. Wie zwei Tage zuvor in Deutschland wurde nun auch in Österreich die Republik ausgerufen.

EPILOG

Die Habsburgermonarchie war in ihre einzelnen Bestandteile zerfallen. Auf Österreich, wo die Habsburger mit der Belehnung von 1282 territorial mehr als 600 Jahre zuvor ihre entscheidende Basis errichtet und dessen Namen „Haus Österreich" sie in der Geschichte immer wieder angewendet hatten und das schließlich auch die reiche Hauptstadt der Monarchie in seinen Grenzen besaß, fiel der Hauptteil ihres gewaltigen geschichtlichen Erbes. Doch mit 84 000 von ehemals 677 000 km² der Donaumonarchie (fast die doppelte Fläche der heutigen Bundesrepublik Deutschland) war Österreich nur noch ein Rumpf des vormaligen Großmachtgebildes. In Wien aber lagerte auch

Krönung von Kaiser Karl I. und Kaiserin Zita zu König und Königin von Ungarn in der Matthiskirche in Budapest am 30. Dezember 1916 (mit ihrem ältesten Sohn Otto von Habsburg)

die ottonische Kaiserkrone des alten Heiligen Römischen Reiches Deutscher Nation: Habsburg war nicht nur Träger und Synonym für die Donaumonarchie mit ihren riesigen Räumen im Südosten Europas, Habsburg stand auch für die ungleich längere und ältere Epoche deutscher, aber auch universal-europäischer Geschichte. Es ist daher nicht verwunderlich, dass die demokratisch legitimierte Nationalversammlung des verbliebenen Restes der Monarchie 1918 für ihr klein gewordenes Land die Bezeichnung „Deutsch-Österreich" wählte und die Absicht bekundete, sich der deutschen Republik anzuschließen. Die großdeutsche Lösung der Paulskirche schien jetzt, wo die nichtdeutschen Gebiete der Monarchie ohnehin ihre eigenen Wege gingen, nun plötzlich möglich geworden zu sein. Doch jetzt waren es die Alliierten, die ihre besiegten Gegner schwach halten wollten und den Zusammenschluss daher untersagten: Die Verträge von Saint-Germain und von Versailles sprachen ein Anschlussverbot für Österreich aus.

Die österreichische Nationalversammlung reklamierte auch alle anderen deutschsprachigen Gebiete der Habsburgerlande für sich: vor allem Südtirol, das nun aber von Italien annektiert wurde, und die entsprechenden Gebiete in Böhmen und Mähren (Deutschböhmen mit der Stadt Eger und Karlsbad, das Sudetenland und einige weitere deutsche Sprachinseln), die nun allerdings die Tschechoslowakei für sich beanspruchte. Nicht unproblematisch war auch der Neuzuschnitt der südöstlichen Gebiete in dem neu entstehenden Jugoslawien, wie der kriegerische Zerfall dieses Staates in den 1990er Jahren zeigte. Die Länder der Habsburgermonarchie kamen im 20. Jahrhundert nicht zur Ruhe: sie wurden zum Spielball zunächst Hitlers, dann teilweise der Sowjetunion. Die Konflikte zwischen den Ethnien und Nationalitäten eskalierten erst jetzt in Form von Vertreibungen, Säuberungen und Vernichtungskriegen, wie sie – von gewissen Exzessen im Zeitalter der Glaubensspannung abgesehen – die Habsburgermonarchie in dieser Form nicht gekannt hatte.

Die Habsburger fanden sich mit ihrem Thronverlust 1918 zunächst nicht ab. Da Karl sich zu einem formellen Verzicht nicht bereitfand, musste er 1919 ins Exil in die Schweiz gehen. Von dort aus unternahm er im Jahr 1921 zweimal den Versuch, in Ungarn, wo er seine königlichen Thronrechte als noch nicht erloschen betrachtete, wieder an die Macht zu kommen. Bei seinem zweiten Versuch im Herbst gelang es ihm, königstreue Truppen für sein Anliegen zu gewinnen und einen Marsch auf Budapest zu inszenieren. Dort wurde er von der Armee des ungarischen Reichsverwesers allerdings gestoppt, interniert und auf Druck der Westmächte von der ungarischen Nationalversammlung als König des Landes abgesetzt. In Begleitung seiner Frau wurde er nach Funchal auf Madeira verbannt, wo er viereinhalb Monate später am 1. April 1922 verstarb. Der letzte Habsburger Kaiser war tot!

Sein ältester Sohn, der damals knapp zehn Jahre alte Otto von Habsburg, war ursprünglich noch im Geiste eines Thronfolgers erzogen worden und wurde von seiner Mutter, Kaiserin Zita, auch nach dem Tod Karls weiterhin im Hinblick auf die Übernahme einer monarchischen Stellung geprägt. Da die Familie auf den Thron nicht verzichtet hatte, konnte Otto in den ehemaligen Erbländern nicht einreisen; das Habsburgergesetz von 1919, das sogar Verfassungsrang erhielt, richtete sich wirksam gegen alle Restaurierungsversuche der Dynastie in Österreich. Und doch spielte Otto von Habsburg vor allem in den 30er Jahren für das Land noch einmal eine erhebliche Rolle, als man darüber nachdachte, gegen die Aggression Hitlerdeutschlands die Habsburger in Stellung zu bringen und mit ihrer Hilfe seinen Zugriff auf Österreich zu erschweren. Es misslang bekanntlich und Otto musste vor der europäischen Expansion des Nationalsozialismus bis in die USA fliehen. Hier nahm er politische Kontakte zu Präsident Roosevelt und zu Churchill auf, die ihn in die Lage versetzten, nach dem Zweiten Weltkrieg an der Neuordnung Mitteleuropas intensiv mitzuwirken. Selbst Churchill dachte daran, ihn für eine führende Position in den alten Ländern der Habsburgermonarchie in Position zu bringen, um den Einfluss der Sowjetunion zurückzudrängen. Diese Pläne konnten nicht realisiert werden, aber mit Ungarn und der Tschechoslowakei wurden zwei alte Habsburger Kernlande Opfer der stalinistischen Expansionspolitik in die Mitte Europas; davor konnte wenigstens Österreich

Otto von Habsburg, 2004

bewahrt werden. Doch im Staatsvertrag für die Errichtung der neutralen Republik 1955 machten die Sowjets die Weitergeltung der antihabsburgischen Gesetze von 1919 zur Bedingung. Erst als Otto 1961 formell auf alle Thronansprüche verzichtete, war ihm nach mehr als 40-jähriger Abwesenheit eine Einreise in das Land seiner Vorfahren erstmals wieder möglich.

Seine Erfahrung als Spross jener Herrscherdynastie, die die größte historische und geographische Reichweite in Europa entfaltet hatte, prädestinierte ihn anderweitig für politische Aufgaben. Franco wollte ihn angesichts der fast 200-jährigen Herrschaft der Habsburger in Spanien nach seinem Tod dort als König installieren; Otto von Habsburg empfahl stattdessen die Bourbonen. Zwischen 1979 und 1999 saß er für die deutsche CSU im Europaparlament, wo er die alten politischen Verbindungen und das Ansehen seines Hauses insbesondere in der Balkankrise der 1990er Jahre noch einmal vorteilhaft einzusetzen vermochte. Im Zeitalter gefestigter Republiken und parlamentarischer Demokratien steht eine Restauration oder eine Renaissance der Habsburgermonarchie nicht mehr auf der Tagesordnung. Aber der immense historische Gedächtnisspeicher und das komplexe Beziehungsgeflecht, das diese Dynastie verkörpert, dürften für das Verständnis und den Erfolg eines zusammenwachsenden Europas von nicht unerheblicher Bedeutung sein.

Der Autor

Andreas Hansert ist promovierter Historiker und lebt und arbeitet als freier Autor in Frankfurt a. M. Er veröffentlichte zahlreiche Aufsätze und Bücher zu kunst- und kultur- geschichtlichen Themen. Schwer- punkt bilden die Geschichte der Stadt Frankfurt, das Bürgertum im 20. Jahrhundert, Adelsgeschichte u. a. Das vorliegende Buch basiert auf den Forschungen zu einschlägigen Publikationen, die der Autor u. a. im Michael Imhof Verlag vorgelegt hat:

Andreas Hansert, „Welcher Prinz wird König? Die Habsburger und das universelle Problem des Genera- tionswechsels", Imhof Verlag 1998 und ders: „Könige und Kaiser in Deutschland und Österreich (800– 1918)", IMHOF-Kulturgeschichte 2006.

Zum Autor siehe weitere Informa- tionen unter:
www.andreas-hansert.de

Weitere Titel der Reihe
IMHOF-KULTURGESCHICHTE

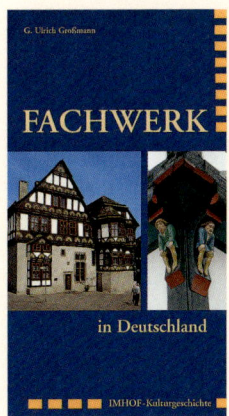

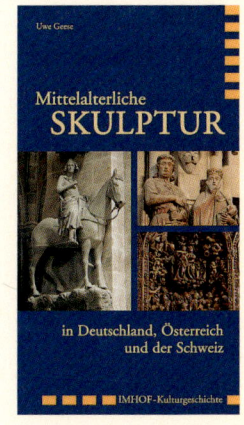

G. Ulrich Großmann
FACHWERK IN DEUTSCHLAND Zierformen seit dem Mittelalter

12 x 22 cm, 144 S.
204 Farbabb., Broschur
ISBN 978-3-86568-154-6

Andreas Hansert
KÖNIGE UND KAISER in Deutschland und Österreich (800–1918)

12 x 22 cm, 216 S.
113 Farbabb., Broschur
ISBN 978-3-86568-150-8

Uwe Geese
MITTELALTERLICHE SKULPTUR in Deutschland, Österreich und der Schweiz

12 x 22 cm, 160 S.
128 Farbabb., Broschur
ISBN 978-3-86568-153-9

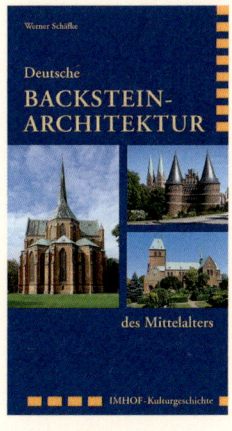

- **Lesebuch und Nachschlagewerk**
- **handlich, kompakt**
- **reich bebildert**
- **von namhaften Autoren verfasst**

A. Grebe/G. U. Großmann
BURGEN in Deutschland, Österreich und der Schweiz

12 x 22 cm, 192 S.
234 Farbabb., Broschur
ISBN 978-3-86568-152-2

Werner Schäfke
DEUTSCHE BACKSTEINARCHITEKTUR des Mittelalters

12 x 22 cm, 120 S.
160 Farbabb., Broschur
ISBN 978-3-86568-162-1

Jedes Buch nur
9,95 Euro

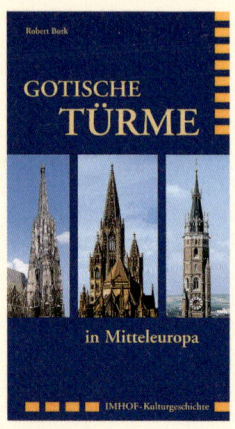

Robert Bork
**GOTISCHE TÜRME
in Mitteleuropa**
12 x 22 cm, 214 S.
234 Farbabb., Broschur
ISBN 978-3-86568-156-0

Kathrin Ellwardt
**EVANGELISCHER
KIRCHENBAU
in Deutschland**
12 x 22 cm, 216 S.
200 Farbabb., Broschur
ISBN 978-3-86568-164-5

Edgar Lein
**MITTELALTERLICHE
KLÖSTER in Deutsch-
land, Österreich und
der Schweiz**
12 x 22 cm, 192 S.,
377 Farbabb., Broschur
ISBN 978-3-86568-151-5

Rainer Zuch
**PFALZEN
DEUTSCHER KAISER
von Aachen bis Zürich**
12 x 22 cm, 144 S.
147 Farbabb., Broschur
ISBN 978-3-86568-165-2

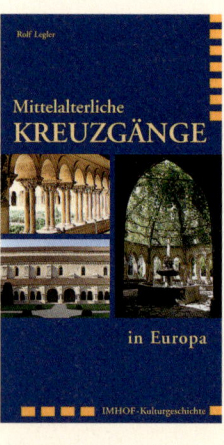

Rolf Legler
**MITTELALTERLICHE
KREUZGÄNGE
in Europa**
12 x 22 cm, 160 S.
245 Farbabb., Broschur
ISBN 978-3-86568-167-6

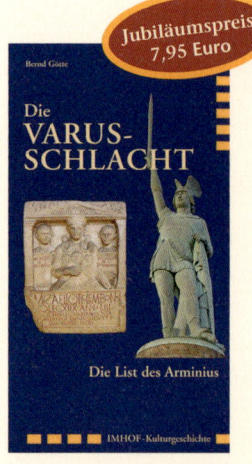

Bernd Götte
**DIE VARUSSCHLACHT
Die List des Arminius**
12 x 22 cm, 96 S.,
80 Farbabb., Broschur
ISBN 978-3-86568-430-1
ab 1.1.2010: 9,95 Euro